*Pour ses beaux yeux*
*Entre chienne et loup*
*Rappening*

DU MÊME AUTEUR

*Théâtre (Grasset)*

THÉÂTRE I. *(Génousie – Le Satyre de la Villette – Le Général inconnu.)*
THÉÂTRE II. *(L'Air du large – Du vent dans les branches de sassafras – Le Cosmonaute agricole.)*
THÉÂTRE III. SEPT IMPROMPTUS À LOISIR.
*(L'Azote – Le Défunt – Le Sacrifice du bourreau – Édouard et Agrippine– Les Jumeaux étincelants – Le Grand Vizir – Poivre de Cayenne.)*
THÉÂTRE IV. *(Le Damné – Les Larmes de l'aveugle – Urbi et Orbi.)*
THÉÂTRE V. *(Deux femmes pour un fantôme – La Baby-Sitter – Classe terminale – Le Banquet des méduses.)*
THÉÂTRE VI. *(... Et à la fin était le bang – Monsieur Klebs et Rozalie.)*
THÉÂTRE VII. *(Les Bons Bourgeois – Grasse Matinée.)*

*Littérature*

MIDI *(La Pipe en écume)*, hors commerce.
TAMERLAN DES CŒURS, Plon.
FUGUE À WATERLOO, Grasset.
LE CENTENAIRE, Grasset, Les Cahiers Rouges.
LA PASSION D'ÉMILE, *L'instant romanesque*, Balland ; Grasset, 1998.
POIDS ET MESURES, *Les Impénitents*. Frontispice de Lucien Coutaud. Illustrations de Jean Peschard.
OBALDIA, *Humour secret*, Julliard.
LES RICHESSES NATURELLES, *récits-éclairs*, Julliard, 1952 ; Grasset, 1970 : édition revue et augmentée.
CHEZ MOI, Grasset Jeunesse, illustrations de Letizia Galli.
INNOCENTINES, *poèmes pour enfants et quelques adultes*, Grasset, 1969 ; Les Cahiers Rouges, 1991.
EXOBIOGRAPHIE, *mémoires*, Grasset, 1993.
SUR LE VENTRE DES VEUVES, *poèmes*, Grasset, 1996 (Grand Prix de la Langue de France).
MOI, J'IRAI DANS LA LUNE, Grasset, 1996.

RENÉ DE OBALDIA
*de l'Académie française*

# THÉÂTRE

*Pour ses beaux yeux*
*Entre chienne et loup*

*Pièces en un acte*
*suivies de*

*Rappening*

BERNARD GRASSET
PARIS

ISBN : 978-2-24660-431-0

Tous droits de traduction, de reproduction et d'adaptation réservés pour tous pays.

© *Éditions Grasset & Fasquelle, 2000*

*Écrire cinq comédies en un acte n'est pas moins difficile que d'en écrire une en cinq.*

LICHTENBERG.

# DISTRIBUTION

## POUR SES BEAUX YEUX

| | |
|---|---|
| DODELINE | Michèle Bourdet |
| CAMILLE | Vincent Ogé |
| ÉTIENNE LONGCHAMP DE BEAUPRÉ | Grégoire Bonnet |

*

## ENTRE CHIENNE ET LOUP

| | |
|---|---|
| CENDRINE DE LUSIGNY | Carole Thibaut |
| DOCTEUR GALOP | Pierre Forest |
| CHOUPETTE | Nathalie Hardouin |

*

## RAPPENING

| | |
|---|---|
| LE RAPPEUR | Lucien Jean-Baptiste |

**

*Mise en scène* : Thomas Le Douarec

Assistants à la mise en scène : Nathalie Hardouin et Yann Reuzeau — Décors : Jacques Oursin — Lumières : François-Éric Valentin — Costumes : Argi Alvez — Musique : Weedy — Co-production : Europa Dell'Arte

Création le 30 mai 1999 au Théâtre 14

# POUR SES BEAUX YEUX

*Dodeline décide son mari (« Tu n'es pas plus bête qu'un autre ! ») à concourir à l'émission de télévision SUPER-CRACK, jeu de questions du plus haut niveau et qui réclame du participant un savoir encyclopédique.*

*L'enjeu est de taille : il est offert au gagnant, outre une somme importante, une Mercedes, une croisière pour deux sur l'océan Indien, un réfrigérateur Carbolux, tout Zola relié en peau de buffle...*

*Camille, pour les beaux yeux de sa jeune épouse (il en est follement épris), se prépare à l'épreuve. Le soir dès son retour du bureau, prenant à peine le temps de dîner, il se plonge corps et âme dans des dictionnaires, des magazines, des revues spécialisées, des livres d'histoire... Au bout de quelques semaines, ce n'est plus tout à fait le même homme ; il a considérablement maigri, tout ce savoir accumulé le vide de lui-même ; il perd pied, sa raison vacille...*

*C'est alors que le couple fait appel à un certain Étienne Longchamp de Beaupré, « professeur de jeux télévisés ». Grâce à sa méthode, assure celui-ci, et moyennant des cours intensifs, il se fait fort de mener Camille à la victoire.*

*Dodeline se voit déjà en train de voguer sur l'océan Indien...*

## PERSONNAGES

CAMILLE BENOIT : une trentaine d'années, adjoint responsable au Service des Eaux. Sans relief apparent.

DODELINE : sa femme. Plus jeune, coquette, gentiment sosotte.

ÉTIENNE LONGCHAMP DE BEAUPRÉ : professeur de jeux télévisés.

## SCÈNE I

### CAMILLE, DODELINE.

*Le bureau-salon, modeste, de Camille Benoit. Longue table encombrée de livres, de revues, d'encyclopédies, de magazines, de coupures de journaux. Cafetière posée sur un dictionnaire.*

*Au lever du rideau, assis à la table, disparaissant presque derrière une montagne de volumes, Camille prend fiévreusement des notes.*

*Dans un coin de la pièce, Dodeline est occupée à repasser. Fer dégageant force vapeur d'eau. Elle s'applique avec soin à redonner forme à sa lingerie intime, voluptueuse : combinaisons, culottes noires ornées de dentelles, chemises de nuit hollywoodiennes, chemisier.*

*Entre deux coups de fer, elle lit, sur une fiche posée à l'extrémité de la planche à repasser, des questions qu'elle pose à son mari. Celui-ci se prépare en effet à concourir à Supercrack, un jeu de la télévision de forte audience, doté de prix importants, et qui réclame du candidat un savoir encyclopédique. Il est aux environs de neuf heures du soir.*

DODELINE
*(après avoir soigneusement replié une combinaison, lisant)*

Bien que manchot... bien que manchot, quel est l'écrivain du XVIIe siècle qui donna au monde un chef-d'œuvre ?

CAMILLE *(sans hésitation)*

Cervantès. *Don Quichotte.*

DODELINE *(avec jubilation)*

Ouais ! *(Un temps. Elle s'attaque à une culotte)* Dis-moi le nom de la comète qui passa devant le Soleil le 19 mai 1910 à 24 millions de kilomètres de la Terre ?

CAMILLE *(sans hésitation)*

Halley. La comète de Halley.

DODELINE

Ouais !... Super !... *(Un temps)* Comment s'appelait l'amant d'Édith Piaf qui trouva la mort dans un accident d'avion ?

CAMILLE

Yves Montand... Pardon, Marcel Cerdan.

DODELINE *(contrariée)*

Ouais, Marcel Cerdan ; pas confondre le chanteur avec le boxeur. *(Un temps. Elle déploie sa chemise de nuit)* Quel est le plus grand ennemi du serpent ?

CAMILLE

La langouste... *(Se reprenant aussitôt)* La mangouste.

DODELINE *(sévère)*

Ça fait deux fois que tu inverses, Camille !

CAMILLE

Oui, mais j'ai rétabli tout de suite.

DODELINE

Ça serait quand même mieux de commencer par la bonne réponse... surtout puisque tu la connais ! *(Camille grommelle entre ses dents, tourne la page d'un magazine)* Quand tu seras à la télé, ta réponse devra tomber comme un couperet !

CAMILLE

Tu parles comme si je devais aller à la guillotine !

DODELINE

Ne t'énerve pas, Camille, tu n'es pas devant des milliers de téléspectateurs – nous ne sommes que tous les deux. *(Un temps assez long)* Tu ne veux pas ôter ton pantalon ?

CAMILLE *(avec exaspération)*

Vraiment, Dodeline, ce n'est pas le moment !

DODELINE

Bon ! bon !... c'était pour le repasser... Qu'est-ce que tu vas encore chercher ?... Toujours en accordéon, ton pantalon... Quand tu te présenteras à Supercrack, ton pli devra tomber droit comme un arrêt de justice. Au fait, est-ce que tu as répondu aux Lamoignon ?... *(Silence farouche de Camille)* Tu sais que Charles vient d'être nommé au barreau de Paris ?

CAMILLE *(sèchement, le nez dans un dictionnaire)*

Non, je n'ai pas répondu aux Lamoignon.

*Soupirs de Dodeline. Elle passe dans la pièce à côté avec la planche à repasser et toutes ses affaires. Profitant de l'absence de sa femme, Camille se lève et, devant sa table de travail, se livre à des exercices physiques.*

DODELINE *(voix off)*

Et les Goths ?

*Camille regagne vivement son siège, tel un écolier pris en faute.*

CAMILLE *(dans une sorte de panique)*

Les Goths !

DODELINE *(réapparaissant)*

Est-ce que tu sais la différence qui existe entre les Wisigoths et les Ostrogoths ?

CAMILLE *(avec humeur)*

Parfaitement, je sais parfaitement la différence. Mais je garde ça pour moi.

DODELINE

Oh là là !

CAMILLE

Assez de questions, veux-tu ? J'ai la tête en tire-bouchon.

DODELINE

Mon pauvre chéri... il est vrai que tu te donnes un mal... *(Saisissant la cafetière)* Encore un peu de café ?

CAMILLE

Non, non, merci ; après tout ce que j'ai déjà pris !

*Un temps.*

DODELINE

Remarque, ça ne t'empêche pas de dormir.

CAMILLE *(de plus en plus énervé)*

Si, ça m'empêche de dormir, justement... Et d'abord, comment peux-tu savoir si je dors ou si je ne dors pas puisque tu roupilles comme une brique huit heures d'affilée ?

DODELINE *(conciliante)*

D'accord, d'accord, ça t'empêche de dormir... Si je te propose encore du café, c'est pour que tu tiennes le coup, pour... pour exciter tes neurones.

*Un temps. Camille se plonge dans un nouveau volume ; Dodeline ramasse et met en ordre des feuillets tombés à terre.*

CAMILLE *(bas)*

Mes neurones, mes neurones... *(Brusquement pris de colère et hurlant)* Ils te disent merde mes neurones !

DODELINE *(abasourdie)*

Camille !

CAMILLE *(se levant et allant vers elle, las, très las)*

Ne fais pas attention, Dodeline, j'ai les nerfs en capitolade – en capilotade. Plus une boule, là, au creux de l'estomac.

DODELINE

Ça, c'est parce que tu manges trop vite, tu avales ! tu avales !

CAMILLE

C'est terrible, plus j'apprends, plus j'ai la sensation de ne rien savoir. Est-ce que vraiment Charlemagne était le fils de Pépin le Bref en même temps que le grand-père de Charles le Chauve ? Et pourquoi Pépin était-il bref ? Et pourquoi Charles était-il chauve ?

DODELINE

Pourquoi ? Pourquoi ?... Pourquoi les chiens ont une queue ? pourquoi ta tante n'est pas ta cousine ?... Ne te mets pas martel en tête, mon chéri.

CAMILLE

Charles.

DODELINE

Pardon ?

CAMILLE

Charles Martel. 703-766. *(Du poing, se cognant le front)* Celui-là, il est casé.

DODELINE

Je t'admire, tu sais. Ce que tu as pu emmagasiner ces six derniers mois !... en plus de tout ce que tu savais avant !

CAMILLE

Merci, ma pouliche, merci.

DODELINE

Ça doit quand même t'exciter d'acquérir toutes ces connaissances ? Tu t'élèves au-dessus du *vulgum plexus.*

CAMILLE

*Pecus. Vulgum pecus...* Emmagasiner c'est une chose, mais il faut aussi de la méthode, procéder par catégorie... La génétique, par exemple, a peu de rapports avec les Vingt-Quatre Heures du Mans.

DODELINE

Qui sait ?... Heureusement qu'à partir de ce soir tu vas être aidé. *(Consultant sa montre)* Au fait, il devrait déjà être là, ton zèbre.

CAMILLE

Le mal à se garer par ici !

DODELINE

Tu me redonnes sa carte ? *(De ses papiers, Camille extrait une grande carte de visite qu'il remet à Dodeline. Déchiffrant)* « Étienne Longchamp de Beaupré. Professeur de jeux télévisés. Réussite garantie. Nombreux témoignages. Discrétion absolue »... Étienne Longchamp de Beaupré, tu parles d'un nom ; il doit s'appeler Benoit comme tout le monde.

CAMILLE

En tout cas, je l'ai eu au téléphone, il m'a paru très sympathique... Une voix chaude – et il a pigé mon problème au quart de tour !

DODELINE *(reposant la carte)*

Professeur de jeux télévisés !... Ce doit être un pauvre universitaire, un agrégé sur la paille qui cherche à se recycler.

CAMILLE

On verra bien ; l'important...

DODELINE

J'aurais dû faire de l'ordre... Est-ce que je suis bien coiffée ? *(Elle s'empare d'une pile de livres et les remet à une très mauvaise place.)*

CAMILLE *(l'empêchant de poursuivre ses rangements)*

Ne touche à rien ; tu es très bien coiffée ; surtout, ne touche à rien !

DODELINE

Bon, bon, ne crie pas !

CAMILLE

Je ne crie pas, je... je suis fatigué, voilà : extrêmement fatigué...

DODELINE *(avec compassion)*

Et tu ne prends pas assez d'exercice... Le matin, devant la fenêtre ouverte, tu devrais te livrer à quelques mouvements de culture physique, à quelques rotations du tronc...

CAMILLE

Tu sais, Dodeline, s'il ne tenait qu'à moi, j'enverrais tout valser !

DODELINE *(véhémente)*

Ah non ! Non ! Tu ne vas pas nous faire ce coup-là !... Tu n'es pas sérieux !... Si tu gagnes à Supercrack, songe au fric, à tous les cadeaux : 300 000 balles, une Mercedes clefs en main, plus une croisière de trois semaines pour deux dans l'océan Indien, plus un réfrigérateur Carbolux, plus tout Alexandre Dumas relié en peau de buffle ! !

CAMILLE

Si je gagne !

DODELINE

Il n'y a pas de raison, Camille, tu n'es pas plus bête qu'un autre !... Tiens, le dernier qui a gagné, tu as vu sa tête ?

CAMILLE *(avec lassitude)*

Oui, non ; je ne sais plus.

DODELINE

Une tête de porc... Des petits yeux. On aurait dit des yeux de cochon.

CAMILLE

S'il avait une tête de porc...

DODELINE

Toi, tu es nettement plus beau.

CAMILLE

Peut-être, mais à supposer que je sois Greta Garbo, si l'on me demande la date de naissance de Duguay-Trouin...

DODELINE

Et puis, n'oublie pas que tu as été élevé chez les Jésuites, c'est un grand atout !

CAMILLE

Qu'est-ce que tu vas chercher là ? Je n'ai jamais été chez les Jésuites !

DODELINE

Ah bon ! je croyais... Sans parler que tu es vachement fort en botanique.

CAMILLE

Possible, mais tu sais aussi bien que moi que Brochard pose des questions sur des quantités de sujets : le Moyen Age, l'antimatière, la vie sexuelle des tortues, que sais-je ?

DODELINE *(avec fermeté)*

Justement, Camille, il faut savoir ; il faut que tu saches.

CAMILLE

Je t'assure, Dodeline, que si ce n'était pas pour toi, pour tes beaux yeux...

DODELINE

Mais c'est pour moi mon biquet... *(Elle l'enlace tendrement)* pour ta pouliche, pour les beaux yeux de ta pouliche !

CAMILLE *(sous le charme)*

Vrai que tu as de beaux yeux.

DODELINE

Et mes jambes. *(Elle remonte sa jupe)* Elles ne sont pas belles, mes jambes ?

CAMILLE *(caressant la jambe de Dodeline)*

Si, si, des jambes d'albatros... *(Se reprenant)* d'albâtre.

DODELINE

Tu te rends compte, quand on naviguera tous les deux sur l'océan Indien, bercés par le hululement des mouettes, par le roucoulement des marsouins... que l'on fera escale à Rio de Janeiro...

CAMILLE

Rio de Janeiro donne sur l'Atlantique ; rien à voir avec l'océan Indien. *(Mécaniquement)* La ville fut fondée en 1565 après Jésus-Christ. Elle compte actuellement 12 807 706 habitants. Son carnaval, ses bidonvilles, ses métisses, son pain de sucre.

DODELINE

Si tu veux, mon grand.

CAMILLE

Si je veux, si je veux... *(La prenant aux épaules et la fixant dans les yeux)* Dodeline, est-ce que tu te rends vraiment compte ? La vie que je mène ici depuis six mois, ce n'est pas une vie !

DODELINE

Je t'accorde que tu passes un moment difficile... mais tu ne crois pas que le jeu en vaut la chandelle ? Tout Zola en peau de buffle, une Mercedes, un réfri...

CAMILLE

Oui, oui, je sais.

DODELINE

De toute façon tu t'enrichis.

CAMILLE

Je m'enrichis ?

DODELINE

Intellectuellement.

CAMILLE

Peut-être que je m'enrichis « intellectuellement », mais ce qui est certain, c'est que physiquement, je maigris. J'ai encore perdu deux kilos !

DODELINE

Tu les retrouveras, mon chéri ; tous les gueuletons, dans les grands restaurants, qu'on pourra se payer, après que...

CAMILLE

Quand je pense que du matin au soir je suis enfermé dans un bureau, plongé dans les statistiques, que j'essaie de contourner les trente-cinq heures ! d'en faire cinquante pour obtenir de l'avancement – à midi, je ne mange qu'un sandwich –, que je reviens ici – une heure vingt de trajet – et que le dîner à peine expédié...

DODELINE

Mais moi aussi, Camille, je travaille ! Tu crois que c'est marrant, mon boulot ? Le cabinet dentaire où je reçois les clients ?... En arrivant, rien que l'odeur ! Sans parler de leurs gueules aux clients ; rien que des gueules d'enterrement ! Avec leurs caries, leurs abcès, leurs gingivites, leurs stomatites... Tiens ! encore hier, un type qui me demande où sont les waters. *(L'imitant)* Madame, excusez-moi de vous déranger, pouvez-vous me dire où se trouvent les waters ? *(Articulant exagérément)* « trouvent les ouatères »... Une haleine ! j'ai failli tomber à la renverse.

CAMILLE *(attendri)*

C'est vrai, ma pouliche, toi aussi tu as bien du mérite. Allons ! je m'y recolle. *(Reprenant ses notes)* Je m'y recolle, Arcole ! Iéna, Austerlitz !

DODELINE

Veau Marengo !

CAMILLE

Veau Marengo ! Ce que tu es drôle quand tu veux être drôle ! *(Ouvrant une encyclopédie)* Sais-tu que Pouchkine épousa Natalia Gontcharova en 1831 ?

DODELINE

Première nouvelle !

CAMILLE

Pour tes beaux yeux, je vais devenir un puits de science, un puits d'amour.

DODELINE *(féline, érotique, lui caressant le visage)*

Ça, si tu empoches les 300 000 balles, plus...

CAMILLE

Oui, oui.

DODELINE *(pragmatique tout à coup)*

Ça mettra un peu de beurre dans les épinards. On ne peut pas dire qu'on mène la grande vie !

CAMILLE *(piqué au vif)*

Sans doute, on ne mène pas « la grande vie ». N'empêche, il y a trois mois, je t'ai emmenée à Bruxelles.

DODELINE

Ça, c'est vrai.

CAMILLE

Tu t'es gavée de moules-frites.

DODELINE

Exact.

CAMILLE

Ce n'est peut-être pas le Pérou, j'en conviens. Mais enfin, Dodeline, tu ne manques de rien.

DODELINE

Même si une femme ne manque de rien, il lui manque toujours quelque chose.

*Silence pénible.*

CAMILLE *(douloureux)*

Tu me fais de la peine, Dodeline, vraiment ; vraiment, tu me fais de la peine.

DODELINE

Pardonne-moi, Camille ; moi-même, mes nerfs... Te voir continuellement englouti sous tes dictionnaires ; seulement ta tête qui dépasse...

CAMILLE

Eh ! oui.

DODELINE

Qu'est-ce que je peux faire pour t'aider ? Je ne peux pas apprendre tout ça à ta place !

CAMILLE *(avec commisération)*

Ma pauvre chatte !

DODELINE

J'aimerais tellement participer, te soutenir, t'alléger... Veux-tu que je me déshabille ? Que je me mette toute nue à ton côté, sans rien dire, pendant que tu prends des notes ?

*Sonnerie de la porte d'entrée.*

CAMILLE *(sursautant)*

Le professeur !

DODELINE

Mince ! Le professeur ; j'avais complètement oublié.

CAMILLE

Je vais ouvrir.

DODELINE *(le retenant)*

Non, non, j'y vais... *(Tout en partant)* Je me demande bien la gueule qu'il a.

## SCÈNE II

CAMILLE, DODELINE, LE PROFESSEUR.

DODELINE *(voix off)*

Oui, c'est ici, mon mari vous attend.

PROFESSEUR *(voix off)*

Bene ! Bene !

DODELINE *(voix off)*

Passez, je vous en prie.

*Irruption du professeur dans la pièce. Une quarantaine d'années. Très « play-boy ». Costume élégant sous l'imperméable entrouvert. Énorme assurance. Dodeline et Camille sont impressionnés.*

PROFESSEUR
*(allant résolument vers Camille,
la main largement tendue)*

Ce cher monsieur Benoit.

CAMILLE *(faiblement)*

Monsieur...

PROFESSEUR

Étienne Longchamp de Beaupré, pour vous servir. *(Lui serrant énergiquement la main)* How do you do ?

CAMILLE *(décontenancé)*

Pas mal, et vous ?

PROFESSEUR

Bene, bene.

DODELINE *(fascinée par le visiteur)*

Si vous voulez bien me donner votre imperméable ?

PROFESSEUR

Merci, ne perdons pas de temps. Et excusez-moi pour le retard ; j'ai tourné en rond avec ma Bugatti.

DODELINE

Une Bugatti !

PROFESSEUR *(très simple)*

Oui, je l'ai troquée dernièrement contre ma

Mercedes... Bene. Attaquons ! *(Il entoure de son bras l'épaule de Camille et l'entraîne avec lui sur le devant de la scène. S'adressant au public)* Je vous présente monsieur Benoit. *(Il sort une brosse à cheveux de sa poche et la place devant la bouche de Camille comme s'il s'agissait d'un micro. Le ton qu'il empruntera sera copié sur celui des animateurs de ce genre d'émissions télévisées)* Votre prénom est Camille, je crois ?

CAMILLE
*(interloqué, parlant dans la brosse à cheveux)*

Oui, Camille.

PROFESSEUR

Camille Benoit. Et vous habitez Le Vésinet ?

CAMILLE

Le Vésinet.

PROFESSEUR

C'est dans le Bassin parisien, ça ?

CAMILLE

Oui, la banlieue.

PROFESSEUR *(au public)*

Le veinard ! La verdure, l'air frais, les pinsons, les criquets... *(Tendant à nouveau la brosse à cheveux à Camille)* Mais vous êtes né en Normandie ?

CAMILLE

En Bretagne.

PROFESSEUR

En Bretagne, excusez-moi. Où exactement ?

CAMILLE

À Plouha.

PROFESSEUR

À Plouha !... Il faut bien naître quelque part... Il y a longtemps que vous habitez Le Vésinet ?

CAMILLE *(essayant de se souvenir)*

Bien, ça fait... ça fait...

DODELINE *(lui soufflant)*

Sept ans.

CAMILLE

Sept ans.

PROFESSEUR

Et puis-je vous demander quelle est votre profession ?

CAMILLE

Adjoint responsable au Service des Eaux.

PROFESSEUR
*(claironnant comme s'il s'agissait d'un exploit, à l'adresse du public)*

Adjoint responsable au Service des Eaux ! ! Nous applaudissons ! *(Il applaudit)* Applaudissez ! *(À Dodeline, médusée)* Applaudissez, madame ! *(Dodeline applaudit. Camille, à son tour, frappe dans ses mains. Bas à Camille)* Non, pas vous, voyons !

CAMILLE

Oh ! pardon.

PROFESSEUR

Et comment se manifeste votre « responsabilité » au Service des Eaux ?

CAMILLE

Beaucoup de statistiques, de graphismes... Distribution. Répartition. Structure d'épuration pour les eaux usées.

PROFESSEUR

Eh ! oui ; il n'y a pas que les hommes qui soient usés !...

DODELINE *(dans un soupir)*

Eh ! oui.

*Léger temps.*

PROFESSEUR

Bene. Maintenant que nous avons fait connaissance, je vais ouvrir le feu – le feu des questions. Camille, est-ce que vous êtes prêt ?

CAMILLE *(il commence à reprendre ses esprits)*

Pas du tout ! Absolument pas !... Vous arrivez là comme un ouragan, vous me prenez par les épaules, et d'un seul coup...

PROFESSEUR *(bas, impératif)*

Faites comme si ! Très important pour moi, pour nous ; vous fonctionnez très bien... *(Haut, même jeu que précédemment)* Je vais vous poser la première question... faites bien attention... Mais, avant de commencer, vous désirez peut-être profiter de ce que vous êtes sur le petit écran pour adresser un signe à une personne qui vous est chère ?

CAMILLE

...

PROFESSEUR

Dire quelques mots affectueux... aux indigènes du Vésinet, par exemple... ou aux autochtones de Plouha !

CAMILLE

...

PROFESSEUR

Ou à quelqu'un de votre famille ?

CAMILLE

Euh... euh... euh...

PROFESSEUR *(dans l'espoir qu'il accouche)*

Oui ?

CAMILLE *(en direction de sa femme)*

Gros bisous à Dodeline.

PROFESSEUR

En face. Regardez en face... « Dodeline » c'est votre petite chienne, je présume ?

DODELINE *(s'avançant, heureuse enfin de se présenter)*

C'est moi.

CAMILLE

Ma femme.

DODELINE *(au professeur, volubile)*

Dodeline, c'est la contraction de mes deux prénoms : Dorothée et Adeline. Dorothée Adeline Patin. Oui, je suis née Patin. Mais tout le monde m'appelle Dodeline.

PROFESSEUR *(revenant au naturel)*

Bene. Finita la comedia. *(Il retire son imper et le jette sur une pile de livres)* Puisque, chère madame, vous êtes intervenue, *ex abrupto*, dans notre petit scénario, nous allons arrêter les frais.

DODELINE

Je suis confuse ; je ne croyais pas...

CAMILLE

Nous ne sommes tout de même pas en direct ! Je veux très bien jouer le jeu un moment avec vous, monsieur Étienne de...

PROFESSEUR

Appelez-moi professeur, ce sera plus rapide.

CAMILLE

Précisément, monsieur le professeur, vous ne croyez pas que vous allez un peu vite ?

PROFESSEUR

Nous y voilà ! *(Il s'assied sur une pile de dictionnaires, et sur un ton pédagogique, avec calme)* Camille – permettez que je vous appelle Camille ; sur le plateau, sans même vous avoir jamais vu, Brochard vous appellera immédiatement Camille – Camille, mettez-vous bien dans le crâne que, de nos jours, *tout* est question de vitesse.

DODELINE *(qui boit ses paroles)*

Ça, on ne peut pas nier !

PROFESSEUR

Phénomène non seulement valable pour les machines – TGV, avions supersoniques, navettes spatiales, etc., mais aussi pour les hommes... Le crétin qui veut accéder au pouvoir, s'il va plus vite qu'un autre crétin animé du même désir, aura toutes les chances d'y parvenir avant lui.

DODELINE

Alors, ça !

PROFESSEUR

Je ne citerai aucun nom, de peur de heurter vos convictions politiques.

CAMILLE

Si vous voulez bien, professeur, revenir à mon cas personnel...

PROFESSEUR

J'y arrive.

DODELINE *(de plus en plus séduite par le professeur)*

Nous y arrivons, chéri.

PROFESSEUR

Très important pour moi, essentiel dirais-je même, de vous avoir pris au débotté, par surprise, à toute vitesse... Exercice de simulation d'accord. Mais tout de suite m'ont sauté aux yeux tant vos qualités que vos défauts. Ainsi, nous gagnons du temps.

DODELINE

Le temps c'est de l'argent.

PROFESSEUR

Et l'habit ne fait pas le moine ! Elle est charmante. Votre femme est charmante... Je suis sûr qu'elle doit être pour vous une précieuse collaboratrice...

CAMILLE

À vrai dire, c'est elle qui m'a poussé à concourir à Supercrack ; personnellement je...

DODELINE

Oui, c'est moi qui...

PROFESSEUR

Bravo, madame Benoit. Les femmes ont souvent l'art de pousser les hommes à être ce qu'ils ne sont pas – et qu'ils finissent par devenir.

DODELINE

Ah ! tu vois Camille !

CAMILLE *(s'adressant au professeur avec irritation)*

Et alors ?

PROFESSEUR

Alors quoi ?

CAMILLE

Mes qualités, mes défauts ?

PROFESSEUR

Ah oui... Eh bien, Camille... Puis-je vous parler en toute franchise ?

CAMILLE

J'écoute.

PROFESSEUR

Eh bien... il y a beaucoup à faire ; beaucoup à faire.

DODELINE

Ça, j'en étais sûre !

CAMILLE

Tais-toi, Dodeline ; tu deviens énervante... Si je vous ai convoqué, professeur, c'est précisément pour...

PROFESSEUR

L'important, c'est de procéder par ordre, ne pas mettre la charrue avant les bœufs. *(Avec l'accent d'Oxford)* Don't put the cart before the horse. *(Désignant la masse de volumes sur la table)* Vous vous êtes tapé tout ça ?

CAMILLE

Disons, j'ai grappillé.

PROFESSEUR

Vous grappillez !... Autant avouer que vous passez sans transition de l'élevage de poulets dans le Sussex à l'assassinat du duc de Guise !

CAMILLE

Dans une certaine mesure.

PROFESSEUR

Soyons juste : dans la plus grande cacophonie.

DODELINE *(qui ne connaît pas ce mot)*

Cacophonie ?

CAMILLE

Oui, oui, je t'expliquerai.

PROFESSEUR

Ce qu'il vous faut, Camille, c'est une méthode, « la méthode » – encadrer le virtuel. Ne pas vous laisser déborder par les particules élémentaires, par exemple, au moment où vous recensez le nombre de sous-marins coulés durant la Seconde Guerre mondiale.

DODELINE

Faut caser tout ça, quoi.

PROFESSEUR

Exactement... Et, tout d'abord, il faut songer à votre look.

CAMILLE

Mon look ?

PROFESSEUR

Capital ! La manière dont vous vous présenterez, comment vous serez habillé... Costume ni trop clair, ni trop foncé... Surtout, évitez la cravate à pois.

CAMILLE *(retenant la leçon)*

Éviter la cravate à pois.

DODELINE

Ça, c'est évident.

PROFESSEUR

Il n'y a pas que l'habillement, mais aussi la coiffure, les souliers – la façon dont vous serrerez la main que Brochard vous tendra. *(Il se tend sa propre main et la serre)* Ne pas la broyer sans pour autant que la vôtre ne tombe dans la sienne comme une éponge.

CAMILLE

Ce n'est pas mon genre !

PROFESSEUR

J'en prends note. Ce qui compte aussi, c'est l'expression de votre visage.

DODELINE

Quand tu veux tu peux paraître intelligent.

CAMILLE

Je t'en prie, Dodeline !... Tout de même, professeur, donnerais-je le spectacle d'un demeuré du village, ce qui importe, c'est que je réponde correctement à la question posée !

PROFESSEUR

Certes ! Mais vous ignorez le pouvoir des forces occultes... Si, dès votre entrée sur le plateau, vous engendrez la sympathie, vous êtes porté par des ondes bénéfiques. Sans vous en rendre compte consciemment, grâce à ces ondes, à ces influx magnétiques, vous vous dilatez, vous augmentez votre quotient réceptif. Tout ce public que vous avez conquis sur-le-champ désire votre victoire, et, par là même concourt à votre victoire.

DODELINE

Sûr que la puissance des ondes invisibles... Peut-être même celle des extra-terrestres !

PROFESSEUR

Je n'irai pas jusque-là...

*Léger silence.*

CAMILLE *(sortant d'un abîme de pensées confuses)*

Vous-même, vous n'êtes jamais passé à Supercrack ?

PROFESSEUR

Non, je ne me suis jamais produit en public.

DODELINE

Pourtant, avec tout votre bagage !

CAMILLE

Et pour quelle raison ?

PROFESSEUR

Pour des raisons personnelles. *(Voulant manifestement éviter ce sujet)* Voilà, je vous ai indiqué succinctement le travail d'approche, les préliminaires, l'attitude que vous devez avoir devant...

DODELINE

Et la voix, professeur ?... Vous n'avez pas parlé de la voix !... C'est vachement important un bel organe !

CAMILLE

Dodeline ! si tu t'y mets aussi !

PROFESSEUR

Madame Benoit a tout à fait raison – la voix est en effet notre principale courroie de transmission... N'hésitez pas Camille à la timbrer au moment voulu, à lui donner tout son relief érotique. *(Prêchant d'exemple, très Mounet-Sully)* Le carré de l'hypoténuse est égal à la somme des carrés des deux autres côtés. *(Se gargarisant)* Hypoténuse... hypoténuse...

DODELINE

Brrrrr ! ça me donne des frissons !

CAMILLE *(exaspéré)*

Dodeline, si tu allais nous faire un café ?

DODELINE

Ah ! tu vois.

CAMILLE

Vous prendrez bien un café, professeur ?

PROFESSEUR

Bien volontiers.

DODELINE

Ah ! tu vois.

PROFESSEUR

Mais je ne voudrais pas abuser...

CAMILLE

Avec ou sans sucre ?

PROFESSEUR

Sans. Merci.

*Dodeline emporte la cafetière et ondule des hanches en passant devant le professeur.*

## SCÈNE III

CAMILLE, LE PROFESSEUR.

PROFESSEUR

Elle est délicieuse.

CAMILLE *(sèchement)*

Oui, délicieuse. Dites-moi, professeur...

PROFESSEUR

Elle travaille aussi de son côté ?

CAMILLE

Oui, dans un cabinet dentaire.

PROFESSEUR

Chirurgienne-dentiste ! Félicitations.

CAMILLE

Elle n'exerce pas, elle s'occupe simplement de recevoir les clients.

PROFESSEUR

Ah !

CAMILLE

Dites-moi, professeur ? vous...

PROFESSEUR

Pas d'enfants ?

CAMILLE

Pas d'enfants ; avec tout ce qui se passe sur notre planète !

PROFESSEUR

Ce qui fait qu'avec vos deux salaires conjugués, les congés payés, les cinq semaines, le treizième mois, les ponts, les jours de grève, les congés-maladie, les primes... vous devez plutôt être à l'aise ?

CAMILLE

Justement, professeur, au téléphone j'ai oublié de parler finances ; j'espère que vous prenez un prix raisonnable ?

PROFESSEUR

Rassurez-vous, mon bon, rassurez-vous... pas plus cher que si vous alliez consulter un psy.

CAMILLE *(inquiet)*

C'est-à-dire ?

PROFESSEUR

Sept cents francs l'heure.

CAMILLE *(s'étranglant)*

Mince, alors !

PROFESSEUR

Mais nous pouvons trouver quelques accommodements... un « gentlemen's agreement »...

CAMILLE *(pâle)*

Gentlemen's, gentlemen's...

PROFESSEUR

Le jeu en vaut la chandelle, non ? Trois cent mille francs hors taxe, une croisière de rêve...

CAMILLE

Oui, oui, je sais, mais...

PROFESSEUR

Je suis sûr que votre femme... C'est elle qui vous a encouragé, si j'ai bien compris ?

CAMILLE

Oui, un soir où nous regardions Supercrack, il est arrivé qu'à la troisième question posée par Brochard, j'ai trouvé la bonne réponse. Je m'en souviens encore : Quel est le petit mammifère carnassier qui trempe ses aliments dans l'eau avant de les manger ? *(Un temps. S'adressant au professeur)* Quel est le petit carnassier, mammifère, qui trempe ses aliments dans l'eau avant de les manger ?

PROFESSEUR *(fort embarrassé)*

... Le petit carnassier, mammifère... le petit mammifère, carnassier... le... le papi, le mami...

CAMILLE

Le raton laveur !

PROFESSEUR *(claironnant)*

Mais oui ! Mais bien sûr ! Mais certainement ! Mais comment donc ! Of course ! le raton laveur ! Bravo, Camille... *(Avec l'accent anglais)* Congratulations !

CAMILLE

J'entends encore Dodeline, criant : Ouais ! tu as gagné !... Et elle a tout de suite ajouté : Pourquoi tu ne passerais pas à Supercrack, tu n'es pas plus bête qu'un autre, tu as été élevé chez les Jésuites, tu es bien de ta personne... *(Faisant la réponse)* Non, non, tu n'y penses pas, je ne suis peut-être pas un minus, ai-je rétorqué...

PROFESSEUR

Certainement pas.

CAMILLE

... je ne suis peut-être pas un minus, mais de là à passer à Supercrack... Vous savez ce qu'elle m'a répondu ?

PROFESSEUR

...

CAMILLE

Le mec que tu viens de voir avec Brochard, tu crois qu'il était calé avant d'être calé ?... Si tu sais une chose c'est que tu l'as apprise... Tu n'as qu'à t'y mettre ! Suivre des cours du soir, ou des cours par correspondance – ou par hélicoptère !

PROFESSEUR

Pas sot du tout.

CAMILLE

Professeur, en admettant que vous ajustiez votre

prix et que... croyez-vous que j'aie une chance de gagner ?

PROFESSEUR *(après un temps de réflexion)*

Il faut dire, Camille, que vous vous êtes attaqué à l'émission la plus... la plus « top niveau ». Vous auriez voulu passer à « Tous dans le même trou »...

CAMILLE

Complètement débile, « Tous dans le même trou ».

PROFESSEUR

Je vous l'accorde. N'empêche qu'il y a deux semaines, un de mes élèves, Péribois, a gagné le cocotier ! À la question : la première grande bataille perdue par Hitler, était-ce à Verdun ? à Azincourt ? à Stalingrad ? à Waterloo ?... À Stalingrad a-t-il répondu sans hésiter, déclenchant un tonnerre d'applaudissements... Il est reparti avec une mobylette.

CAMILLE

Vous ne pensez tout de même pas que Dodeline m'aurait mobilisé pour une mobylette !

PROFESSEUR

Madame Benoit a des goûts de luxe ?

CAMILLE

C'est trop dire, mais comme beaucoup de femmes, elle rêve d'évasion, de changer de peau... de changer de longitude...

## SCÈNE IV

CAMILLE, LE PROFESSEUR, DODELINE.

DODELINE
*(apportant sur un plateau deux tasses de café)*

Le café de ces messieurs est servi.

*Les deux hommes prennent leur tasse.*

PROFESSEUR *(à Dodeline)*

Vous n'en prenez pas ?

DODELINE

Non, le café m'empêche de dormir. Et quand je ne dors pas, Camille est incapable de dormir. Souvent, d'ailleurs, je fais semblant.

PROFESSEUR

Vous faites semblant ?

DODELINE

De dormir. Pour que Camille puisse dormir.

*Camille pousse une sorte de grognement.*

PROFESSEUR *(se tournant vers Camille)*

Mon cher, quelle épouse !... À votre place, je ne dormirais pas !

*Léger temps.*

CAMILLE

Et vous-même ?

PROFESSEUR

... Si j'ai un bon sommeil ?

CAMILLE

Non, si vous êtes marié ?

PROFESSEUR *(prenant un masque douloureux)*

J'étais marié.

DODELINE

Mon Dieu !

PROFESSEUR

Ludmila – elle s'appelait Ludmila – d'origine russe par sa grand-mère, une Picarde qui avait épousé un Moscovite – belle, jeune, bien en chair, magnifique chevelure... elle m'a été enlevée.

DODELINE

Aïe !

CAMILLE

Hélas ce sont des avatars que l'on relève fréquemment dans l'histoire de l'humanité... Souvenez-vous du 24 décembre 1804, juste la veille de Noël, la comtesse Églantine de Brabant, mariée au comte Yves Saint Criq de Brabant, enlevée en pleine nuit par le chevalier Destouches...

PROFESSEUR

Je vous parle de Ludmila. C'est la mort qui me l'a enlevée ; je devrais dire arrachée.

DODELINE

Jésus !

PROFESSEUR

Une chute de cheval.

CAMILLE

Excusez-moi.

PROFESSEUR

C'était sa passion, le cheval ! Il fallait qu'elle monte ! Que je l'emmène à Marrakech, à Rio, à Nijni-Novgorod...

DODELINE *(le regard allumé)*

Rio... Rio de Janeiro ?

PROFESSEUR

... de Janeiro, au Brésil ; tout de suite, il lui fallait un cheval. Cavalière hors pair : une assiette, un panache !... Or, un jour, un après-midi très exactement... *(Camille consulte sa montre avec inquiétude. Bas : à Camille)* Ne vous inquiétez pas, la première consultation est gratuite.

DODELINE

Pardon ?

PROFESSEUR

... un bel après-midi d'automne, alors qu'elle montait dans la forêt de Chantilly, un lièvre a détalé soudain sous les sabots de Périclès – Périclès, son cheval préféré ; énorme ruade, Ludmila projetée au sol, et sa colonne vertébrale en miettes.

DODELINE

C'est horrible !

CAMILLE

Affreux !

PROFESSEUR

Lorsque, alerté par un forestier, je me suis rendu sur les lieux avec le SAMU, cette belle jeune femme – ma femme – n'était plus qu'une loque, une sorte de pantin désarticulé, les bras en croix sur un lit de feuilles mortes...

*Dodeline a du mal à contenir ses larmes. Sonnerie du téléphone.*

CAMILLE

Excusez-moi, ce doit être Piguet... *(Il quitte la pièce.)*

PROFESSEUR *(se rapprochant de Dodeline)*

Et, vision que je n'oublierai jamais, madame Benoit, lorsque j'ai relevé sa tête mortuaire, elle m'adressa, toutes dents dehors, un sourire chevalin !

DODELINE

Ciel !

PROFESSEUR

Rictus, serait plus juste. Son dernier rictus. Voilà.

DODELINE *(voulant cacher sa violente émotion)*

Encore un peu de café. *(Elle remplit sa tasse d'autorité)* Quand le destin nous est destiné, cheval ou pas cheval, on a beau ruer dans les brancards, on ne peut pas y échapper, au destin – surtout si c'est notre destin !

PROFESSEUR

Sure ! At birth every thing is already written in the stars.

*Un long silence.*

DODELINE

Je suis peut-être indiscrète...

PROFESSEUR

Soyez indiscrète, madame Benoit.

DODELINE

Malgré la mort des uns, et de tant d'autres...

PROFESSEUR

Et de tant d'autres ! il faut bien le reconnaître !

DODELINE

La vie continue, la nature reprend ses droits...

PROFESSEUR

Certes !

DODELINE

Est-ce que, après cette terrible épreuve... depuis quand exactement ?

PROFESSEUR

Quatre ans. Cela va faire quatre ans.

DODELINE

Vous avez mené une vie solitaire, cloîtré dans votre douleur ?... Ou bien...

PROFESSEUR

Ou bien ?

DODELINE

... Ou bien la nature ayant repris ses droits... sans pour autant être marié légalement, une autre femme...

PROFESSEUR

Vous savez, quand on a connu Lulu, Ludmila...

*Apparaît Camille à l'angle de la porte.*

CAMILLE

C'est Piguet ; il veut nous inviter à dîner vendredi prochain avec les Brissac, les Fuchs et les Lamoignon justement. J'ai refusé, bien sûr. Tu veux lui dire quelque chose ?

DODELINE

Qu'est-ce que tu veux que je lui dise ?... Tu l'embrasseras pour moi, ainsi que Joséphine.

CAMILLE *(repartant et rectifiant)*

Henriette, elle s'appelle Henriette.

*Un silence.*

PROFESSEUR

Avec le travail – la discipline que s'impose votre mari, et que j'admire –, vous ne devez pas sortir souvent.

DODELINE

Ne m'en parlez pas ! On ne va plus chez les amis, on ne va plus au restaurant, on ne va plus au cinéma, on ne va plus au zoo ; je me rends de moins en moins chez le coiffeur...

PROFESSEUR

Vous êtes très bien coiffée.

DODELINE

Merci – quant à la chose... si vous voyez ce que je veux dire...

PROFESSEUR

Vos relations sexuelles, parlons franchement.

DODELINE

... avec tous les dictionnaires qui se baladent dans les draps !

PROFESSEUR

Oh really ?

DODELINE

Encore hier, mon genou s'est cogné au grand Robert.

PROFESSEUR

C'est vraiment un bûcheur, votre Camille !

DODELINE

Une bûche, oui !... Entre nous, vous croyez qu'il a une chance de gagner ?

PROFESSEUR

Je mettrai tout en œuvre pour qu'il réussisse, quitte à venir chez vous plus souvent que prévu.

DODELINE *(joyeuse)*

Oui, oui ; n'hésitez pas !

PROFESSEUR

Il n'est pas bête, il est plutôt bien de sa personne, il a été élevé chez les Jésuites...

DODELINE

Ah ! il a avoué !

PROFESSEUR

C'est ce qu'il m'a dit. S'il parvient à assimiler correctement les connaissances requises, il pourra fort bien affronter Brochard.

*Léger temps.*

DODELINE

Vous le connaissez ?

PROFESSEUR

Brochard ? Comme tout le monde, à travers mon poste, mais pas personnellement.

DODELINE

Dommage.

PROFESSEUR

Parce que ?

DODELINE

Parce que... vous ne croyez pas qu'en lui faisant miroiter quelques avantages substantiels...

PROFESSEUR

...

DODELINE

Un homme qui fait le mariole à la télévision n'en reste pas moins un homme.

## SCÈNE V

LE PROFESSEUR, DODELINE, CAMILLE.

CAMILLE *(revenant du téléphone)*

Voilà. Henriette te « lèche la frimousse », ce sont ses paroles. *(Au professeur)* Quelle histoire !

PROFESSEUR

Quelle histoire ?

CAMILLE

Périclès. La mort tragique de votre femme.

PROFESSEUR *(douloureux)*

N'en parlons plus, voulez-vous ?

DODELINE

Nous n'en parlerons plus.

CAMILLE

J'ai eu tort de vous poser cette question.

PROFESSEUR

Vous ne pouviez pas savoir.

DODELINE

Ça, il ne pouvait pas savoir.

*Un temps.*

PROFESSEUR

Bene. Il ne me reste plus qu'à prendre congé.

DODELINE

Et à revenir, professeur ; quand comptez-vous commencer ?

PROFESSEUR

Cela dépend de monsieur Benoit... *(En aparté, à Camille)* Ne vous inquiétez pas ; pour vous, je ferai un prix...

CAMILLE

Dans ce cas... Pourquoi pas demain ? le plus tôt sera le mieux.

PROFESSEUR

Impossible, demain je suis bourré comme une citrouille.

DODELINE

Ça ne m'étonne pas de vous !

PROFESSEUR
*(sortant de sa poche un grand et luxueux agenda et le consultant)*

Mais après-demain si vous voulez... à la même heure.

CAMILLE

Pas de problème.

PROFESSEUR
*(enfilant son imperméable, aidé avec empressement par Dodeline)*

Pour l'instant, repos. Vous vous enfilez dans vos draps, et vous rêvez aux petits oiseaux... Ciao, « Camille ». *(Il lui serre vigoureusement la main.)*

CAMILLE

Au revoir, professeur.

PROFESSEUR *(baisant la main de Dodeline)*

Good bye, chère madame – et merci pour le café !

DODELINE

Je vous raccompagne. *(Ils disparaissent tous deux.*

*Camille sort un mouchoir de sa poche, s'éponge le front, le cou, ouvre le col de sa chemise, pousse un soupir de soulagement... Dodeline revenant dans la pièce, très excitée)* Alors ? Qu'est-ce que tu en penses ? Moi, je le trouve sensationnel.

CAMILLE

À vrai dire... il me fout la chair de poule.

DODELINE

Ça alors ! la chair de poule. Mais tu es un coq, Camille, dis-toi bien que tu es un coq ! Est-ce que tu as déjà vu un coq avoir la chair de poule ? !

CAMILLE

Un peu de sérieux, Dodeline !

DODELINE

Si tu ne te dis pas que c'est toi le plus fort, c'est pas Bellavoine qui le criera sur les toits.

CAMILLE

Bellavoine ?

DODELINE

Le buraliste du coin, il ne peut pas te blairer.

CAMILLE *(étonné)*

Ah bon ! Qu'est-ce que je lui ai fait ?

DODELINE

Il trouve que tu as une femme trop jolie – il est jaloux.

CAMILLE

Ah ! la jalousie !... Peux-tu me dire le nom du compositeur autrichien du XVIIIe siècle qui fut empoisonné, paraît-il, par un de ses confrères jaloux de son génie ?

DODELINE

Mozart.

CAMILLE *(surpris et ravi)*

Ouais, Mozart.

*Il prend Dodeline dans ses bras, il l'embrasse. Le noir. Retentit un allegretto de Mozart.*

## SCÈNE VI

### CAMILLE, LE PROFESSEUR.

*L'aspect physique de Camille, hâve, traits tirés, cheveux en désordre, en manches de chemise, contraste avec celui du professeur, fringant, serré dans un élégant costume. Ce dernier tient à la main une petite règle.*

PROFESSEUR *(contrarié)*

Non, Camille, non, vous n'y êtes pas du tout ; ce sont les Colonnes d'Hercule. *(Lisant sur une fiche)* Promontoires de Calpé et d'Abyla et qu'on nomme aujourd'hui le détroit de Gibraltar. Taracon, roi d'Éthiopie, pénétra jusqu'aux Colonnes d'Hercule.

CAMILLE

Taracon ?

PROFESSEUR

Taracon... Bene. Continuons, ne débandez pas, Camille, et presto, prestissimo ! Le premier réflexe à acquérir c'est le réflexe de célérité – ou de promptitude, si vous préférez ; à peine la question est-elle posée que votre réponse doit tomber nette comme... comme...

CAMILLE

Comme un couperet.

PROFESSEUR

Voilà. Que votre adversaire – n'oubliez pas que vous serez deux – que votre adversaire n'ait pas le temps de pisser... *(Se reprenant)* de piper.

CAMILLE *(faiblement)*

De piper.

PROFESSEUR

Allons-y. Play ?

CAMILLE

Ready.

PROFESSEUR

Comment s'appelait le gentilhomme qui épousa la fille de la marquise de Sévigné ?

CAMILLE

Euh... euh... le gentilhomme... la marquise... le gentil...

PROFESSEUR
*(frappant d'un coup sec, le coin de la table avec sa règle)*

Trop tard ! Bien trop tard ! Le comte de Grignan.

CAMILLE

Le comte de Grignan.

PROFESSEUR

Le comte de Grignan, lieutenant-général, gouverneur de Provence. *(Léger temps)* Play ?

CAMILLE

Ready.

PROFESSEUR

Quel est le cristal qui présente des prismes hexagonaux terminés par deux pyramides à six pans ?

CAMILLE

Euh... Euh... le cristal qui... heu... Vous voulez bien répéter ?

PROFESSEUR

Quel est le cristal qui présente des prismes hexagonaux terminés par deux pyramides à six pans ?

CAMILLE

... terminés par deux pyramides à six pans... euh...

PROFESSEUR *(coup de règle sur le dos du fauteuil)*

Trop tard ! Le cristal de roche.

CAMILLE

Je l'avais sur le bout de la langue : le cristal de roche.

PROFESSEUR

Que vous l'ayez sur le bout de la langue ou au fond de la glotte, trop tard !... Vous lambinez, Camille, vous lambinez !... Et puis... *(L'imitant)* euh, euh, euh... Tous ces œufs qui sortent de votre bouche en cul de poule !

CAMILLE *(vexé)*

Permettez, professeur, si je vous paie – moins cher que prévu, d'accord –, ce n'est pas pour que vous m'insultiez !

PROFESSEUR

Loin de moi, monsieur Benoit, Camille, l'idée de vous insulter, mais je prends tellement à cœur votre réussite... j'aimerais tellement que... pardonnez-moi s'il m'arrive d'être un peu vif... Voyons... je vais vous poser une question plus simple... *(Il réfléchit)* Jeanne d'Arc. Vous voyez qui je veux dire ?

CAMILLE

La pucelle d'Orléans ?

PROFESSEUR

C'est cela même. Play ?

CAMILLE

Ready.

PROFESSEUR

Jeanne d'Arc. Quel est le surnom que les historiens ont accolé à son nom ?... Le surnom.

CAMILLE

Le surnom ?... Vous me demandez le surnom... euh...

PROFESSEUR

Trop tard ! Trop tard ! La pucelle d'Orléans.

CAMILLE

Je viens de vous le dire, il y a une seconde, la pucelle d'Orléans !

PROFESSEUR *(étonné)*

Tiens oui, c'est vrai !... Mais trop tôt ! Trop tôt ! *(Camille s'assied sur une pile d'encyclopédies, accablé)*... évidemment, l'idéal serait que la réponse arrive alors que la question n'est pas encore posée. Nous n'en sommes pas encore là. Je crois que nous devrions faire une pause.

CAMILLE *(renfrogné)*

Oui, une pause. *(Le professeur range sa règle dans la poche intérieure de son veston. Camille se recoiffe, ajuste ses vêtements, se mouche. En aparté)* Il me tue ! Je vais le virer, moi, ce mec-là !

PROFESSEUR

Je comprends que ce soit éprouvant pour vous, mais pour moi aussi, croyez-le bien... je suis à ma place, mais en même temps à la vôtre.

CAMILLE

...

PROFESSEUR

D'où une double tension : tout en vous posant

la question, je brûle de répondre à votre place ; mais cela ne servirait à rien puisque c'est de votre bouche...

CAMILLE

En cul de poule !

PROFESSEUR

Oubliez cela, je vous en prie... *(Un temps. Il tire négligemment un magazine qui dépasse d'un tas de bouquins. Saisi d'un grand étonnement)* Eh bien, dites donc !

CAMILLE *(contrarié, avec vivacité)*

Laissez ! Laissez !

PROFESSEUR

Une revue porno !

CAMILLE *(essayant, en vain, de la lui arracher)*

Porno... porno, cela dépend sous quel angle on se place !

PROFESSEUR
*(feuilletant les pages et s'arrêtant sur une photo qu'il tourne dans plusieurs sens)*

En me plaçant où je suis... Mazette ! on ne s'ennuie pas !

CAMILLE

De nos jours, la sexualité fait partie intégrante des Sciences Sociales.

PROFESSEUR

Absolument. Et de la dynamique de groupes ! *(Reposant soigneusement la revue au même endroit)* Au fait, ce soir, je n'ai pas eu le plaisir de saluer madame Benoit ; elle n'est pas souffrante, j'espère ?

CAMILLE

Non, non, elle a eu une journée très chargée et a préféré se coucher de bonne heure.

PROFESSEUR

Vous ne manquerez pas de lui présenter mes...

*Il est interrompu par l'arrivée de Dodeline ; celle-ci est en peignoir, un peignoir d'où dépassent les dentelles de sa chemise de nuit.*

## SCÈNE VII

CAMILLE, LE PROFESSEUR, DODELINE.

DODELINE

Coucou, la voilà !

CAMILLE

Dodeline !

PROFESSEUR *(ravi)*

Chère madame...

CAMILLE

Et en chemise de nuit !... Je t'avais dit de ne pas nous déranger.

DODELINE

J'étais prête à m'endormir, quand tout à coup je me suis dit : Dodeline, tu manques à tous tes devoirs, ces deux hommes qui jacassent comme deux pies, ça doit leur donner soif ! Professeur, est-ce que vous prendriez un jus de fruit ?

PROFESSEUR

J'avoue que je suis très peu « jus de fruit ».

DODELINE

Ou un whisky ?... *(À son mari)* Toi, je sais que c'est du coca-cola.

CAMILLE

D'abord, je crois qu'il n'y a plus de whisky – désolé –, ensuite... *(Consultant sa montre)* cette leçon va bientôt se terminer, en conséquence...

DODELINE *(minaudant)*

Et je ne peux vraiment pas assister ? Je me mettrai dans un petit coin, je me ferai plus petite qu'une souris et je ne dirai pas un mot, juré !

PROFESSEUR

Personnellement...

CAMILLE

Non, Dodeline, je te l'ai déjà dit, de savoir que tu es là, que tu seras suspendue à mes lèvres... cela me déstabilise. Je t'en prie « retourne en tes appartements ».

DODELINE

Bon, bon ; si je te « déstabilise »... *(S'en allant)* Au revoir, professeur, soyez sévère !

PROFESSEUR

A rivederci, chère madame, a rivederci.

## SCÈNE VIII

CAMILLE, LE PROFESSEUR.

PROFESSEUR

Elle est exquise.

CAMILLE

Exquise.

PROFESSEUR

Je comprends fort bien votre réflexe, mais, d'un autre côté, je ne crois pas qu'il soit mauvais que vous vous habituiez à avoir un public.

CAMILLE *(sèchement)*

Dodeline n'est pas le public, professeur, Dodeline, c'est ma femme.

PROFESSEUR

Il est vrai... Ne vous mettez pas dans cet état nerveux. Calm down ! Calm down !

CAMILLE

Il nous reste encore une dizaine de minutes.

PROFESSEUR

Bene, bene. *(Un temps)* J'ai une idée ! Nous allons nous livrer maintenant à un exercice de mon cru, exercice basé uniquement sur la promptitude – ou la célérité, si vous préférez –, et qui a réussi à pas mal de mes élèves. Au départ, ils présentaient les mêmes défauts que vous : ils savaient, mais à retardement... Alors, cette fois, je vais vous poser des questions et vous allez y répondre immédiatement – je dis bien, immédiatement –, en disant n'importe quoi, ce qui vous passe par la tête, *ex abrupto*.

CAMILLE

N'importe quoi ?

PROFESSEUR *(sortant sa règle de sa poche)*

N'importe quoi, question de rythme, uniquement. Exemple : je vais faire moi-même la question et la réponse. À Hollywood, aux Oscars de 1936, quelle est l'actrice qui remporta... *(Il frappe un grand coup de règle sur la table)*... Le canal de Panama.

CAMILLE

Je ne comprends pas très bien...

PROFESSEUR

J'ai dit « le canal de Panama » parce que cela m'a traversé l'esprit, mais j'aurais pu aussi bien répondre « Poète, prends ton luth ».

CAMILLE

Ah oui, je vois...

PROFESSEUR

Ce que je vous demande, c'est de céder à un réflexe de célérité – ou de promptitude, si vous préférez... Pan ! la question, pan ! la réponse. Pan pan !... Essayons... Play ?

CAMILLE

Ready.

PROFESSEUR

Aux Indes... Quelle est la rivière qui se jette dans les bras du Gange ?

CAMILLE *(sans hésiter)*

Lollobrigida.

PROFESSEUR *(avec admiration)*

Parfait ! *(Un temps)* Play ?

CAMILLE

Ready.

PROFESSEUR

Comment nomme-t-on la partie du violon qui...

CAMILLE

*Le Tour du monde en quatre-vingts jours.*

PROFESSEUR

Admirable ! Vous m'étonnez. Votre séjour chez les Jésuites vous a réussi : cette faculté d'adaptation...

CAMILLE

Je n'ai jamais été chez les Jésuites.

PROFESSEUR

Ah ! tiens, je croyais... Encore une fois... Play ?

CAMILLE

Ready.

PROFESSEUR
*(après un assez long moment de concentration)*

À quel moment Grouchy s'est-il pris pour Blücher ?

CAMILLE

Le gratin dauphinois.

PROFESSEUR

Admirable ! Extraordinaire !... Vous êtes vraiment doué. Profitons de l'élan – à moins que vous ne soyez trop fatigué ?

CAMILLE

Non, ça va, je tiens.

PROFESSEUR

Bene... Cette fois, vous conserverez le rythme, mais en répondant correctement à la question posée – je dis bien : correctement... *(Il sort un papier de sa poche où il a noté questions et réponses)*... Play ?

CAMILLE

Ready.

PROFESSEUR

Quel est le patronyme du peintre espagnol né au XVIe siècle et surnommé le Greco ?

CAMILLE *(très vite)*

Domenikos Theotokopoulos.

PROFESSEUR

Parfaitement : Domenikos Theotokopoulos, né en Crète en 1540, mort à Tolède en 1614. Parmi ses chefs-d'œuvre, *L'Enterrement du comte d'Orgaz*... Dites-moi, nous faisons des pas de géant !... Play ?

CAMILLE

Ready.

PROFESSEUR

Parlez-moi de l'homme politique...

CAMILLE

*Autant en emporte le vent.*

PROFESSEUR *(contrarié)*

Là, vous n'y êtes plus... tout en y étant ! Allons une dernière question. Play ?

CAMILLE

Ready.

PROFESSEUR

Le compositeur phtisique et franco-polonais, amant de George Sand, qui...

CAMILLE

Chopin.

PROFESSEUR

Oui, Chopin. Frédéric Chopin. Panpan dans le mille, Camille !

DODELINE
*(surgissant d'un rideau, où elle s'était cachée)*

Ah Chopin !

*Surprise des deux hommes.*

PROFESSEUR

Ah ! par exemple !

CAMILLE

Dodeline !

DODELINE

La Fantaisie en fa mineur opus 49 !

*Noir. Fantaisie de Chopin.*

## SCÈNE IX

DODELINE, LE PROFESSEUR.

*Treize jours plus tard. Ce sera bientôt l'heure de la leçon. Mais, cette fois, c'est le professeur qui se trouve à la place de Camille. Il tient Dodeline sur ses genoux. Celle-ci a ôté son chemisier. Combinaison joliment rose qui laisse deviner une poitrine palpitante.*

DODELINE
*(énamourée, caressant le visage du professeur)*

Tu es un brigand, une canaille, un scélérat, un marlou, une ganache ; tu me plais, c'est fou ce que tu me plais !

PROFESSEUR *(aux anges)*

Dodo ! *(Transports amoureux ; des livres basculent dans le vide)* Tu es sûre qu'il ne va pas rentrer maintenant ?

DODELINE

Pas avant une demi-heure ; son emploi du temps est réglé comme du papier à musique : sortie du bureau à dix-huit heures, achat du journal, quatre minutes, trajet : une heure vingt, clef dans la serrure : dix-neuf heures vingt-quatre !

PROFESSEUR

Tu parles d'un suspense !

DODELINE

Moi, j'ai la chance que mon boulot soit tout à côté. *(Soudain, avec inquiétude)* Je ne sens pas trop le dentiste ?

PROFESSEUR *(la humant avec délice)*

Tu sens toi. Ton odeur à toi. Qui n'appartient qu'à toi. *Sui generis.*

DODELINE

Mon cœur, mon biniou, mon Jésus ! Sans toi, je serais passée à côté de moi.

PROFESSEUR

Tu crois vraiment ?

DODELINE

Je te jure !... J'aime bien Camille, mais si je veux être honnête...

PROFESSEUR

Il faut se le farcir !

DODELINE

Tais-toi, ne dis pas de mal de Camille, ça me fait de la peine... Je parle en tant que femme. Avec Camille, j'étais comme... comme un terrain vague, mais avec toi je suis devenue un champ de bataille ; c'est la guerre !... La guerre, le corps à corps, l'explosion. J'éclate par tous les pores de ma peau !

PROFESSEUR

Ça ! Comme grenade !

DODELINE

Comme quoi on ne se connaît pas soi-même... L'eau qui dort pour une carpe se réveille pour un saumon. C'est en forniquant qu'on devient forgeron, le...

PROFESSEUR

Et ron et ron petit patapon.

DODELINE

Camille récite des trucs dans ce genre-là avant de s'endormir ; ça finit par me trotter dans la tête... Et toi ? tu n'as pas le crâne farci ?

PROFESSEUR

Si tu savais comme je m'en fous !

DODELINE

Oui, tu me l'as déjà dit, et que tu étais ignare comme un balai de chiottes ! J'arrive pas à y croire... Faut quand même enregistrer, avoir de la moelle épinière !

PROFESSEUR

Ouais, si on veut... J'ai retenu par cœur une douzaine de questions avec leurs réponses, pour le reste, je regarde mes fiches... Quelques mots de latin, ça impressionne toujours, et of course, sortir son anglais, de temps en temps.

DODELINE

Que tu prononces vachement bien !

PROFESSEUR

Because que j'ai vécu trois ans à Jersey.

DODELINE

Jersey ? Ça crèche dans quel coin de l'Angleterre ?

PROFESSEUR

Ce n'est pas en Angleterre, c'est une île, près des côtes normandes, qui appartient aussi aux Britanniques, mais nettement plus petite.

DODELINE

Les Anglais, il faut toujours qu'ils soient entourés d'eau. Même leurs poulets, ils les font cuire dans la flotte à ce qu'il paraît... Et qu'est-ce que tu fabriquais à Jersey ?

PROFESSEUR

J'emmenais les touristes à Guernesey.

DODELINE

C'est où ça, Guernesey ?

PROFESSEUR

C'est une autre petite île tout à côté de Jersey ; j'organisais des séances de tables tournantes dans la maison de Victor Hugo.

DODELINE

Le grand poète populiste. Et elles tournaient ?

PROFESSEUR

Je m'arrangeais pour qu'elles tournent. Tu sais, les gens, les Amerlocs surtout, ils gobent n'importe quoi.

DODELINE

Apache !... Moi je te gobe, j'ai envie de te gober jusqu'au trognon ! *(Elle se rue sur sa bouche.)*

PROFESSEUR

*(après avoir repris son souffle, il regarde l'heure à sa montre)*

Tu es sûre que...

DODELINE

On a encore le temps ! Même s'il ne restait que trois minutes, trois minutes d'amour, ça n'a pas de prix, c'est comme d'aller au Colorado.

PROFESSEUR

Ici, on n'est pas au Colorado, et je ne suis pas chez moi. Je me sens mal à l'aise. Je vais aller m'installer à côté, aux Trois Baudets : j'avale un sandwich, je siffle un verre de beaujolais et je reviens dans une demi-heure pour la leçon – la douzième leçon.

DODELINE

La douzième leçon, tu te rends compte ! C'est à la neuvième que tout s'est déclenché. Tu te souviens, fripouille ? !

PROFESSEUR

Si je me souviens !

*Il s'apprête à partir ; Dodeline le retient.*

DODELINE

Non, ne pars pas ! Même s'il te trouve en arrivant, tu lui dis que tu étais en avance et plutôt que de tourner en rond...

PROFESSEUR

Tu crois vraiment qu'il ne se doute de rien ?

DODELINE

Pauvre Camille, dans l'état où il est ! *(Forçant le professeur à se rasseoir, se mettant sur ses genoux)* Allez, raconte-moi encore une de tes salades, ça m'excite !

PROFESSEUR

...

DODELINE

Tu m'as dit que l'histoire de Ludmila, c'était bidon. Qu'il n'y avait pas plus de Ludmila que de canasson.

PROFESSEUR

Complètement bidon.

DODELINE

Et tu mets le même disque chaque fois qu'on te demande si tu es marié ?

PROFESSEUR

Non, j'ai quelques variantes.

DODELINE

Gros filou !

PROFESSEUR

Tiens, celle-ci que j'aime bien... Pose-moi la question : « Sans vouloir être indiscrète, vous êtes marié, professeur ? »

DODELINE

Sans vouloir être indiscrète, vous êtes marié, professeur ?

PROFESSEUR *(masque grave)*

Jusqu'à ces derniers temps, je vivais avec ma mère.

DODELINE *(spontanément)*

À votre âge !

PROFESSEUR

Depuis la mort de son mari, je n'ai pas eu le cœur de l'abandonner. Ma mère ! Ma pauvre mère !

DODELINE

Son mari, c'était peut-être aussi votre père ?

PROFESSEUR

Oui, mon père. Mon père, mon pauvre père !... Ouvrier maçon. Un matin, alors qu'il s'apprêtait à quitter le chantier – midi n'allait pas tarder à sonner –, il est tombé de son échafaudage. Mort sur le coup. Sa tête fracassée contre une benne.

DODELINE

Ciel !

PROFESSEUR

Depuis, non seulement ma mère ne s'en est pas

remise, mais sous l'effet du choc, elle a été soudain en proie à des crises de somnambulisme.

DODELINE

Ça ne doit pas être bon, ça.

PROFESSEUR

La nuit, vers trois heures, quatre heures du matin, elle traversait les pièces de l'appartement comme un fantôme, ouvrait la fenêtre et, les bras tendus devant elle, allait se balader sur les toits... Précisons que nous habitions le dernier étage, le treizième.

DODELINE

Oh là là ! Mauvais chiffre.

PROFESSEUR

... les bras devant elle, les yeux ouverts tout en dormant... Vous savez que dans ces cas-là, il ne faut surtout pas intervenir, ne pas rompre l'état second dans lequel le sujet est plongé.

DODELINE

Non, ça je ne savais pas.

PROFESSEUR

Une nuit, alors qu'elle longeait tranquillement

la gouttière en chemise de nuit, à un mètre d'elle, un chat, un gros matou sorti de l'enfer, se mit à miauler sauvagement... Ma pauvre mère, revenue à elle par ces miaulements barbares, perdit l'équilibre – elle a chu.

DODELINE

Elle a chu ?

PROFESSEUR

Comme si le destin avait voulu qu'elle fît la même trajectoire dans le vide que feu mon père, pour aller le rejoindre dans l'au-delà.

DODELINE *(comme si elle croyait à l'histoire)*

C'est bouleversant, chéri !... Affreux tout ce qui t'est arrivé !... *(Elle l'embrasse furieusement.)*

PROFESSEUR *(se dégageant)*

Chu. Du verbe choir.

DODELINE *(prise soudain de panique)*

Chut ! Chut ! *(On entend distinctement un bruit de clef dans la serrure)* Camille !

PROFESSEUR

Merde !

*Précipitation des amants. Dodeline enfile sa blouse ; le professeur, tout en se repeignant, se précipite à l'autre bout de la pièce et se plonge dans un livre ; elle, ayant remis en hâte ses souliers, se saisit d'un plumeau et époussette une étagère.*

## SCÈNE X

DODELINE, LE PROFESSEUR, CAMILLE.

*Camille pénètre dans la pièce, hâve, donnant les signes d'une grande fatigue ; il s'écroule dans le fauteuil.*

DODELINE *(se précipitant vers lui)*

Camille ! Qu'est-ce qui t'arrive ?

CAMILLE *(voix blanche)*

Un malaise. J'ai eu un malaise au bureau. Blondel m'a laissé partir plus tôt.

DODELINE

Tu es pâle comme une endive. *(Lui saisissant les mains)* Tes mains sont toutes froides !

CAMILLE

Ça m'a pris au moment où il m'a demandé qui était le responsable du Service des Eaux à Marelle-sur-Gouin.

*Léger temps.*

DODELINE *(comme s'il passait à Supercrack)*

Et alors ?... Qui est le responsable du Service des Eaux à Marelle-sur-Gouin ?

CAMILLE

Le duc de Guise.

DODELINE

Quoi ? !

CAMILLE

Oui, je lui ai répondu : le duc de Guise.

DODELINE

Mon pauvre Camille !

CAMILLE

Pas celui du XVe siècle, Claude Ier qui servit François Ier contre Charles Quint, mais Henri Ier, dit « le Balafré », le chef de la Ligue catholique, 1563-1588, qui fut attiré dans un braquemard...

*(Se reprenant)* dans un traquenard, à Blois... *(S'emportant)* où il fut lâchement assassiné ; lâchement, sauvagement !

DODELINE

Calme-toi, Camille, tu n'y es pour rien.

CAMILLE

Blondel est devenu blême, et moi, un vertige m'a saisi... j'ai failli tomber dans les pommes... « Laissez tous ces dossiers et rentrez chez vous, qu'il a articulé, le Blondel, vous avez besoin de repos, monsieur Benoit. »... Alors j'ai rangé les dossiers, fermé à clef, accroché ma blouse au portemanteau... et me voilà. Voilà.

DODELINE

Tu parles d'une histoire ! Toi qui voulais de l'avancement !... Si tu retirais ta veste et que tu enlevais tes chaussures ? *(Elle s'agenouille devant lui, s'apprêtant à lui délacer les chaussures.)*

CAMILLE *(avec brusquerie)*

Ne me touche pas ! Surtout, ne me touche pas !

DODELINE

Bon, bon ; ne crie pas... Au temps pour moi.

PROFESSEUR *(venant du fond de la pièce)*

Ça ne va pas, Camille ?

CAMILLE

Tiens ! vous êtes déjà là, professeur.

PROFESSEUR

Ce soir, miracle ! pas d'embouteillage ; j'ai circulé comme une fleur, et comme j'étais en avance, plutôt que de tourner en rond...

CAMILLE

Vous avez bien fait. *(À Dodeline)* Est-ce que tu as offert quelque chose au professeur ?

DODELINE

Tu penses ! Mais « monsieur » n'a rien voulu prendre.

PROFESSEUR

Vous avez eu un malaise, si j'ai bien entendu ?

CAMILLE

Oui, ça ne va pas fort.

PROFESSEUR

Surmenage, je vous l'avais bien dit, Camille. Trop c'est trop. Too much is too much !... Je crois qu'il va falloir interrompre nos leçons pour quelque temps, vous laisser infuser...

DODELINE

Infuser ?

PROFESSEUR

Je m'entends... Ce qui me paraît évident, cher ami, c'est que vous accusez un trop-plein, un trop-plein de connaissances.

*Aucune réaction de Camille. Regard vide.*

DODELINE

C'est vrai ça, tu ingurgites, tu ingurgites, c'est fou ce que tu ingurgites !

PROFESSEUR

Pour bien faire – j'irai jusque-là – pour bien faire, il faudrait oublier tout ce que vous avez appris... faire le vide, comme cela se pratique dans le bouddhisme Zen, par exemple, procéder à des « exercices de vacuité ».

DODELINE

Vous n'allez pas encore le faire travailler !

PROFESSEUR

Certes non, rassurez-vous... Pour l'instant, repos, comme l'a prescrit ce monsieur Blondeau.

DODELINE *(rectifiant)*

Blondel, le directeur du Service des Eaux. *(À Camille)* Tu te sens mieux ? Veux-tu un bottin – un coussin ? *(Toujours aucune réaction de Camille. Long silence. Comme prise d'une révélation)* Moi, je sais ce qu'il lui faut à Camille... *(Un temps, elle ménage son effet)* la montagne.

PROFESSEUR *(son visage s'illumine)*

Chère madame Benoit ! Quelle excellente idée !

DODELINE

L'air des cimes purifie les méninges. *(À Camille qui ne bronche pas)* Tu demandes un congé de quinze jours – qu'est-ce que je dis ? un mois, un congé d'un mois – et tu fous le camp dans les Alpes... ou dans les Pyrénées si tu préfères ?

PROFESSEUR

Et pourquoi pas le Jura ?

DODELINE

Et pourquoi pas le Jura. Sac à dos, chaussures

cloutées, bouteille thermos – tout seul, comme un grand !

*Camille même jeu. Regard vitreux.*

PROFESSEUR *(vicieusement)*

Tout seul, non ; vous devriez l'accompagner, madame Benoit.

DODELINE

J'ai mon travail, professeur, qu'est-ce que vous croyez ?... Et puis, de temps en temps, il est bon qu'un homme largue les amarres, qu'il prenne la route sans sa femme, sans ses enfants – remarquez, nous n'en avons pas –, qu'il se retrouve face à lui-même, dans toute sa plénitude.

*Camille continue d'être amorphe.*

PROFESSEUR

En un sens... si nous nous plaçons à un certain point de vue...

*Long silence.*

CAMILLE *(brusquement)*

Et Supercrack ?

DODELINE

Supercrack, Supercrack, Brochard peut bien attendre !

PROFESSEUR

Il a attendu jusque-là.

DODELINE

Partie remise ; de toute façon ça ne lui fera ni chaud ni froid, à Brochard... *(Revenant à son idée)* La montagne. Entre mille et mille cinq cents mètres, c'est la meilleure altitude, il paraît.

PROFESSEUR

Même à huit cents mètres...

DODELINE

Chaise longue, marche à pied, chaise longue, bonne nourriture – manger lentement. *(Au professeur)* Il mange toujours trop vite... et des grandes nuits, de longues heures de sommeil, dans des draps bien blancs, bien lisses...

PROFESSEUR *(renchérissant)*

Fleurant bon la lavande...

DODELINE

Et tu nous reviendras pimpant comme un pinson !

PROFESSEUR

Pimpant comme un pinson. *(Un temps assez long)* Bene. Pour l'instant, si vous permettez, je vais prendre congé.

CAMILLE

*(il se lève brusquement, sa voix est ferme, autoritaire)*

Non, je ne vous permets pas, professeur !

*Sursaut, stupeur de Dodeline et de son amant.*

DODELINE ET LE PROFESSEUR

Camille ! ! !

CAMILLE *(toisant le professeur)*

Ne partez pas, ce serait dommage : vous êtes le personnage indispensable à la scène qui va suivre.

PROFESSEUR *(mal à l'aise)*

À la scène qui va suivre ?

DODELINE *(abasourdie, inquiète)*

On dirait que ça va mieux.

CAMILLE

*(il saisit une épée reléguée dans un coin et menace le professeur)*

Savez-vous comment se prépare le ris de veau Curnonsky ?

DODELINE

Qu'est-ce qui te prend, Camille, tu deviens cinglé ?

PROFESSEUR *(pâlissant et reculant)*

Le ris de veau Curnonsky ?... le ris de veau... le... *(Faussement joyeux)* Je donne ma langue au chat !

CAMILLE

Ah ! ah ! vous donnez votre langue au chat.

DODELINE *(de plus en plus inquiète)*

Il donne sa langue au chat !

CAMILLE

Shut up, Dodeline ! *(Il avance vers le professeur qui recule)* Vous escalopez finement quatre ris de veau que vous avez fait dégorger auparavant dans une eau légèrement citronnée.

PROFESSEUR
*(il s'empare d'un dictionnaire qu'il tient, devant lui, comme un bouclier)*

Légèrement citronnée, je note.

CAMILLE *(toujours menaçant)*

Faites saisir à feu vif dans une grande sauteuse. *(Se tournant vers sa femme)* Tu entends, Dodeline ? dans une grande sauteuse.

DODELINE

Oui, oui, j'entends ; arrête ton cirque.

CAMILLE *(même jeu)*

Puis, baissez la flamme et laissez mijoter.

PROFESSEUR

Laisser mijoter.

CAMILLE

Déglacez ensuite au Noilly et ajouter quelques brocolis. Vous n'avez plus qu'à servir.

PROFESSEUR *(le front moite)*

Je n'y manquerai pas.

CAMILLE

Ah ! vous me faites plaisir. *(Le menaçant toujours de son épée)* Autre question...

DODELINE

Arrête de faire le con.

PROFESSEUR *(entre ses dents)*

Le supercon.

CAMILLE

Quel est le nom de l'actrice de cinéma qui fit scandale en mettant pour la première fois des collants noirs ?

PROFESSEUR *(spontanément)*

Musidora.

CAMILLE *(prenant le ton du professeur)*

Dans quel film ?

PROFESSEUR

*Les Vampires.*

CAMILLE

Metteur en scène ?

PROFESSEUR

Louis Feuillade.

CAMILLE

Bravo, bravissimo.

PROFESSEUR

Elle est bien bonne : Musidora, *Les Vampires*, c'est moi qui vous ai appris tout cela, pas plus tard qu'avant-hier, dans la leçon consacrée au cinéma.

CAMILLE *(simulant un grand étonnement)*

Ah ! c'était vous ; je vous prenais pour un autre ! Je me disais aussi, voilà une tête qui me revient, j'ai déjà dû rencontrer ce zèbre-là quelque part...

PROFESSEUR
*(comme parlant à un malade mental, avec douceur)*

Voyons, voyons, monsieur Benoit...

DODELINE *(même jeu)*

Voyons chéri...

CAMILLE

Tout le monde peut se tromper, prendre quelqu'un pour un autre. Surtout quand l'autre est devenu ce quelqu'un : quelqu'un d'autre... Difficile de soupçonner que l'autre pouvait être aussi l'un. Comme Attila, roi des Huns.

PROFESSEUR

Certainement, certainement. De toute évidence.

CAMILLE

Autre question, la dernière.

DODELINE *(soulignant)*

Bon, la dernière.

CAMILLE

Shut up, Dodeline. *(Brandissant l'épée devant le visage pâle du professeur)* Play ?

PROFESSEUR

Ready.

CAMILLE

Quel est le primate de grande taille...

DODELINE

De grande taille.

CAMILLE

... complètement bipède.

PROFESSEUR

Complètement bipède.

DODELINE

Complètement bipède.

CAMILLE

Arrête de faire le perroquet, Dodeline ! adroit de ses mains, le gros orteil non opposable...

DODELINE *(bas)*

Non opposable.

CAMILLE

... sans abajoues et sans callosités fessières ?

PROFESSEUR *(égaré)*

Sans joues.

CAMILLE

A-ba-joues. Ne pas confondre. Abajoues.

DODELINE *(au professeur)*

Ne pas confondre.

PROFESSEUR
*(il cherche désespérément la réponse ; il transpire)*

Le bipède, dites-vous...

CAMILLE

Vous ne voyez pas ?

PROFESSEUR

Non, je... je ne vois pas.

CAMILLE

Eh bien, vous en avez un spécimen devant vos yeux. C'est moi !

PROFESSEUR

Oh ! really ?

DODELINE

Complètement dingue !

CAMILLE *(s'échauffant)*

Parfaitement ! le bipède adroit de ses mains, qui n'est pas un babouin, qui ne se gratte pas l'oreille avec son gros orteil ; qui ne craint pas la rouille et qui se tient vertical comme une andouille, c'est moi !

PROFESSEUR

C'est ça, c'est toi. *(Se reprenant)* C'est vous.

CAMILLE

C'est moi, c'est toi, c'est les uns, c'est les unes,

c'est les autres : c'est l'HOMME. *(Hurlant)* L'HOMME, LE GRAND COCU DE L'UNIVERS.

DODELINE

Pas si fort, Camille !

CAMILLE

GCU, grand cocu de l'univers. C'est pourquoi, cher bipède... *(Sous la menace de l'épée, une lueur meurtrière dans le regard, il accule le professeur dans un angle de la pièce)* c'est pourquoi je vous prie de transporter vos fesses ailleurs – vos fesses, votre bouillabaisse, vos mandibules, vos testicules, vos colonnes d'Hercule... ailleurs, immédiatement et sans délai... *(Pointant son épée sur le sexe du professeur)* ou je vous les coupe !... Le coup d'Abélard, vous saisissez ?

PROFESSEUR *(décomposé)*

Je saisis, je saisis. Bene ! Bene ! Bene !

CAMILLE

Ailleurs et IMMÉDIATEMENT. Panpan !

*Le professeur fait un grand bond et se sauve. Dodeline se laisse tomber dans un fauteuil.*

## SCÈNE XI

DODELINE, CAMILLE.

DODELINE

Incroyable ! J'ai honte, j'ai honte !

CAMILLE
*(guilleret tout à coup, s'avançant vers elle avec son épée, et sur un ton léger)*

Mignonne, allons voir si la rose
Qui ce matin avait desclose
Sa robe de pourpre au soleil...

DODELINE

Oh ! je sais ce que tu penses, Camille ; dans l'état comateux où tu te trouves, à bout de nerfs, tu t'imagines des choses...

CAMILLE *(même jeu)*

Waterloo, Waterloo morne plaine
Lorsque je serai vieux tu fileras la laine...

DODELINE

Tu t'imagines que moi et le professeur... si ! si ! ne proteste pas... tu t'imagines que le professeur, nous deux, le professeur et moi... Risible ! Tout simplement risible !... Après cette scène que tu lui as faite, je me demande ce qu'il doit penser ?

CAMILLE *(goguenard)*

Je suis allé chez les Jésuites
Manger du lard avec des huîtres.

DODELINE

Mais, enfin, qu'est-ce qui t'arrive Camille ? Tu as bu ou quoi ? Si tu allais prendre une douche ? *(Se levant, maternelle)* Je vais te chercher une grande serviette, toute propre.

CAMILLE *(la forçant à se rasseoir)*

Non, non, Dodeline, ne bouge pas ; tu me fascines !

DODELINE

Arrête de faire le mariole avec ton épée.

CAMILLE *(pompeux)*

Au plus fort du combat, as-tu vu Henri VIII abandonner son épée ?

DODELINE *(à elle-même)*

Henri VIII, maintenant !

CAMILLE

Henri VIII « d'Angleterre ». Celui qui mettait une femme dans son lit pour la nuit et, le lendemain matin, alors que la divine créature était encore endormie... *(Faisant mine de se trancher la gorge)* Couic !

DODELINE

Couic ! Ton numéro est très réussi. Du théâtre ! Tu aurais dû faire du théâtre. Alors maintenant, si je peux te donner un conseil, déshabille-toi, mets-toi en pyjama, brosse-toi les dents, fais pipi et va te mettre au lit.

CAMILLE

Au dodo... madame désire que j'aille au dodo ?... Eh bien, je n'irai pas au dodo. *(Hurlant)* DODO ! *(Pris de rage)* Je préfère te faire la peau ! *(Dodeline, paniquée, se lève, il la repousse brutalement dans le fauteuil)* Ta Poméranie, ta peau de zébie, ta Popesco, ta Popokatopelt !

DODELINE

Tu es fou !

CAMILLE
*(l'immobilisant d'une main et levant sur elle son épée)*

Et si je te crevais les yeux ? Tes beaux yeux !... Pour l'amour de tes beaux yeux !

DODELINE

Lâche-moi, tu es fou. Au secours ! T'es complètement cinglé ! Au secours !

*Dodeline parvient à se dégager et à s'enfuir. Bruit de la porte qui claque et qu'elle verrouille derrière elle.*
*Camille s'avance vers le public, tel un homme soudain dégrisé, extrêmement las.*

CAMILLE *(à la salle)*

Messieurs de la Cour, Messieurs les Jurés... *(Il cherche ses mots)* Messieurs de la Cour, Messieurs les Jurés...

*La lumière s'éteint sur lui. Voix de Dodeline au téléphone.*

DODELINE *(voix off)*

Allô ! le SAMU ?... Mon mari devient fou... fou à lier !... Il divague, il menace de me tuer... Comment cela, ce n'est pas grave ? !... Il veut « me faire la peau » – ce sont ses propres mots... Avec quoi ?... Avec une épée !... Oui, j'ai réussi à m'enfermer... madame Benoit, au Vésinet... 22 bis rue Henri VIII, pardon, rue du Maréchal Joffre... Bis, 22 *bis*... Oui, c'est cela, une bonne piqûre. Faites vite. Quick ! Quick !

*Lumière sur Camille.*

CAMILLE

Messieurs de la Cour, Messieurs les Jurés, madame Azincourt, monsieur François Ier, monsieur Abélard, monsieur et madame Brochard et leurs enfants :
L'astre poursuit son cours, les étoiles s'affairent
Les hommes et les chiens vaquent à leurs
[affaires
Un cocu de plus, un cocu de moins
Ça ne fait pas dérailler les trains !
Le matin qui revient joue la même musique
Petits airs ! Petits airs !
Parfois la dame de cœur se change en dame
[de pique...
*(Se penchant vers un spectateur)*
Quelle importance
Votre Excellence ? !
*(Se redressant)*
Musique ! Musique !

*Face aux spectateurs, il se prend à battre la mesure avec son épée comme s'il dirigeait un orchestre.*

*Retentit une musique rock, fracassante, bientôt mêlée aux sons d'une sirène d'ambulance tandis que tombe le*

RIDEAU

*S[t] Léonard, Juin 1998*

# ENTRE CHIENNE ET LOUP

*Choupette, croisement entre une levrette (Fifi) et un bouledogue (Churchill), a des problèmes.*

*Sa maîtresse, Cendrine de Lusigny, décide de la conduire chez le docteur Galop, ancien vétérinaire converti à la psychanalyse des animaux domestiques. Cendrine, terriblement volubile, ne tarit pas sur les fantasmes de Choupette.*

*Le « psy » l'écoute au début avec une froideur clinique, mais, au fur et à mesure que se déroule la consultation, il se trouve de plus en plus fasciné par la personnalité de la belle jeune femme ; personnalité qui perce au travers des propos qu'elle tient sur son cher petit quadrupède.*

## PERSONNAGES

DOCTEUR GALOP : psychanalyste d'animaux domestiques. Une quarantaine d'années.

CENDRINE DE LUSIGNY : la trentaine, désirable.

CHOUPETTE : la chienne de Cendrine, croisement d'un bouledogue et d'une levrette.

## DÉCOR

*Le cabinet du docteur Galop.*

*Sur le mur du fond, deux grands posters ; l'un représentant le visage de Freud, l'autre, celui de Marylin Monroe.*

*Bureau assez ordonné, mais, tout autour, des animaux empaillés : cerf, loutre, renard, chien, chat, furet, pélican, lapin, chouette, écureuil — selon.*

*À l'angle du bureau, très visible du public, une planche à repasser munie de sangles (ou tout autre réceptacle). C'est là que le docteur Galop étend l'animal lorsqu'il le soumet à son interrogatoire. Un tabouret de piano lui sert de siège.*

*Dans un coin une grande carapace de tortue (ou une bassine) remplie d'os.*

## SCÈNE I

*Assis à son bureau, le docteur Galop est plongé dans un livre. Il est en smoking sous sa blouse blanche largement ouverte.*

DOCTEUR GALOP *(lisant à voix haute)*

Chez tous les animaux dont le système nerveux central a atteint un certain niveau de différenciation, les céphalopodes, les arachnides, les insectes et les vertébrés, y compris l'homme... *(On sonne à la porte. Le docteur n'y prête pas attention)*... y compris l'homme !... on observe une faculté d'acquisition du savoir dépassant de loin tous les mécanismes cognitifs... L'on peut parler alors de « nirvana animal »... *(Sonnerie insistante)*... véritable panacée pour l'homme moderne angoissé, déphasé, miniaturisé... *(Reposant le livre ; pour lui-même)* miniaturisé, l'homme moderne « miniaturisé », voilà une excellente formule !... *(Reprenant le livre)* et qui est descendu très bas, il faut bien le reconnaître, très bas dans l'échelle de la création. *(Sonnerie encore plus insistante)* Depuis les origines, entre l'homme-animal marchant sur quatre pattes et... *(Réalisant enfin la situation et reposant brusquement le livre)* Merde ! J'ai oublié que Pépita était en grève ! *(Il se lève précipitamment et va ouvrir.)*

## SCÈNE II

*LE DOCTEUR GALOP, CENDRINE DE LUSIGNY, CHOUPETTE.*

DOCTEUR GALOP

Excusez-moi si je vous ai fait attendre ; entrez, entrez, je vous en prie... *(Entrée de Cendrine de Lusigny. Elle pousse un landau dans lequel se trouve Choupette)*... avec votre précieux chargement...

CENDRINE *(interdite à la vue du docteur en smoking)*

C'est bien vous le psychanalyste ?

DOCTEUR GALOP *(s'inclinant)*

Docteur Galop, vétérinaire et psychanalyste. Mais depuis un certain temps je me consacre uniquement au psychisme de nos petits compagnons.

CENDRINE

C'est bien votre droit ! Vous êtes majeur.

DOCTEUR GALOP *(se penchant sur le landau)*

Oh ! le joli toutou ! *(Se redressant galant)* Oh ! sa jolie maîtresse !

CENDRINE *(se rengorgeant)*

Merci, docteur.

CHOUPETTE

Ouah ! Ouah !

DOCTEUR GALOP

Oui, oui, on va s'occuper de toi.

CENDRINE

Oui, oui, mon petit sucre d'orge. On va s'occuper de toi.

CHOUPETTE

Ouah !

CENDRINE

Pas plus tard que ce matin, je lui ai dit : il faut

en finir avec tes névroses, tes fantasmes, tes coquecigrues !... J'ai une excellente adresse d'un... d'un... pssssss... pssssss... *(Elle éternue.)*

DOCTEUR GALOP

À vos souhaits !

CENDRINE

D'un psy. Merci.

DOCTEUR GALOP

Et par qui avez-vous obtenu...

CENDRINE

Par ma coiffeuse, madame Dobrinsky.

DOCTEUR GALOP

Madame Dobrinsky, en effet. Son angora, bien qu'anorexique, fait de la dilatation d'estomac !

CENDRINE

Elle ne jure que par vous !... Donc, ai-je poursuivi...

CHOUPETTE

Ouah ! Ouah !

CENDRINE

… je vais te présenter à une sommité. Il va te tirer d'affaire. J'en ai vraiment assez de tes débordements !

DOCTEUR GALOP

Une petite question… Lorsque votre charmant petit mammifère a subodoré votre résolution, a-t-il opposé quelque résistance ?

CENDRINE

Aucune.

DOCTEUR GALOP

Compliments. Et bravo ! Vous savez qu'un chien averti vaut deux oies ?

CHOUPETTE

Ouah ! Ouah !

CENDRINE

Ma foi, non !… *(À Choupette)* Oui, oui, on va s'occu… s'occu… cu… Atchoum ! Excusez-moi, docteur, j'éternue bêtement.

DOCTEUR GALOP

Vous éternuez, chère madame, tout simplement, comme tout un chacun ; ne faites pas de complexes à ce sujet... Éternuez encore, si bon vous semble.

CENDRINE

C'est d'avoir attendu sur le palier. J'ai senti un courant d'air sur mes épaules... brrr !

DOCTEUR GALOP

Je suis impardonnable de vous avoir fait lanterner !... D'habitude, c'est Pépita qui va ouvrir ; j'avais oublié qu'elle était en grève.

CENDRINE

De nos jours, les bonnes... même portugaises !

DOCTEUR GALOP

Pépita est une bonne sans être tout à fait une bonne : c'est ma guenon.

CENDRINE

Ah ! Une guenon.

CHOUPETTE

Ouah ! Ouah !

CENDRINE

Oui, mon trésor, oui mon roudoudou !

DOCTEUR GALOP

Venue tout droit de Centrafrique. Elle ouvre la porte, elle sert à table, change l'eau des vases, cire les chaussures... une brave fille. Mais comme elle a été forcée de s'affilier à un syndicat...

CENDRINE

Ne m'en parlez pas ! Les syndicats, maintenant, c'est comme la bande à Bonnot !

DOCTEUR GALOP

Soit ! Nous ne sommes pas ici pour parler de Pépita, mais pour nous entretenir avec ?... avec ? *(Se penchant sur le landau)* Comment t'appelles-tu mon brave ?

CHOUPETTE

Ouah ! Ouah !

CENDRINE *(rectifiant)*

T-elle. Comment s'appelle-t-elle ; c'est une demoiselle, docteur.

DOCTEUR GALOP

J'aurais dû m'en douter... ce regard humide...

CENDRINE

Choupette. Elle s'appelle Choupette.

CHOUPETTE *(aboiements joyeux)*

Ouah ! Ouah ! Ouah !

CENDRINE

Choupette de Lusigny.

DOCTEUR GALOP

Très joli nom. Vieille noblesse... Et vous-même ?

CENDRINE

...

DOCTEUR GALOP

Vous vous appelez ?

CENDRINE

Cendrine de Lusigny. Paysagiste. Divorcée. Sans enfants.

*Le docteur s'est rendu à son bureau. Il sort une fiche sur laquelle il inscrit le nom de sa nouvelle cliente.*

DOCTEUR GALOP

Votre adresse ?

CENDRINE

15 bis rue des Petites Écuries.

DOCTEUR GALOP

*(notant et, d'une voix pleine de sous-entendus)*

Ah ! Ah !

CENDRINE

Onzième arrondissement.

DOCTEUR GALOP

Vous avez le téléphone ?

CENDRINE

Le téléphone, le fax, la télévision, l'aspirateur...

DOCTEUR GALOP

Numéro ?

CENDRINE

Mon numéro de téléphone ?... *(Elle hésite à le donner.)*

DOCTEUR GALOP

Si ce n'est pas trop indiscret.

CENDRINE

01...

DOCTEUR GALOP

01 ?... Oui...

CENDRINE

C'est bien parce que c'est vous ! Choupette a horreur du téléphone ! Quand la sonnerie retentit, elle rabat les oreilles, son poil se hérisse, elle se met à trembler comme un colibri, elle...

DOCTEUR GALOP *(sèchement)*

Plus tard. Nous verrons cela plus tard. Ne mettez pas les bœufs derrière la morue, la charrue ! Je vous en prie... 01 ?

CENDRINE *(très vite)*

39 74 28 91.

DOCTEUR GALOP *(après avoir noté fébrilement)*

Parfait ! *(Il remet la fiche dans le classeur, puis va jusqu'au landau. Ton sucré)*... Alors ? Choupette, qu'est-ce qu'on raconte au docteur Galop ?

CHOUPETTE *(aboiements furieux)*

Ouah ! Ouah ! Ouah ! Ouah ! Ouah !

DOCTEUR GALOP *(se reculant, sur ses gardes)*

Elle ne mord pas ?

CENDRINE

Elle ne mord pas, docteur, elle lèche.

DOCTEUR GALOP *(revenant au landau)*

Parfait, parfait... Eh bien ! nous allons l'installer sur la planche à repasser, les quatre fers en l'air.

CENDRINE

Vous n'y pensez pas !

DOCTEUR GALOP

Madame de Lusigny, Choupette n'est pas un homoncule ! Je ne vais tout de même pas l'étendre sur le divan... La planche à repasser fait parfaitement l'affaire.

CENDRINE

Si vous croyez... vous avez l'habitude.

DOCTEUR GALOP
*(il prend Choupette dans ses bras, et, tout en la berçant)*

Là, là... n'aie pas peur... Câlin, calinot, calicot, coquelicot, cocorico...

CENDRINE

N'aie pas peur ma brebis...

DOCTEUR GALOP
*(remettant Choupette dans le landau, sévère)*

Vous la traitez de brebis !

CENDRINE *(interloquée)*

De brebis, de...

DOCTEUR GALOP

Si un jour elle se met à bêler, vous saurez à qui vous en prendre !

CENDRINE

Choupette n'a jamais bêlé !

CHOUPETTE

Ouah ! Ouah !

CENDRINE

Vous voyez, elle aboie. *(Avec emportement)* Ce n'est pas parce que je l'appellerais « ma poulette » qu'elle se mettrait à pondre un œuf !

DOCTEUR GALOP

Du calme, madame d'Isigny.

CENDRINE

De Lusigny !

DOCTEUR GALOP *(avec lassitude)*

Si vous voulez... Du calme. J'exerce une profession difficile. Quand je dis profession, je devrais plutôt dire « sacerdoce ». Psychanalyser un bipède est déjà une tâche ardue et problématique, mais un quadrupède !

CENDRINE

Il y a quadrupède et quadrupède !

DOCTEUR GALOP

Certes ! comme il y a vélocipède et vélocipède.

CENDRINE

Absolument.

DOCTEUR GALOP

Et puis, à ne rien vous cacher, j'ai eu une journée particulièrement harassante : confession de deux chats, d'un fox-terrier et d'un lapin – un lapin russe.

CENDRINE

Ça, vous devez en entendre !... Personnellement, j'ai horreur des chats.

DOCTEUR GALOP

Classique. Il y a ceux qui sont chat et ceux qui sont chien – et vice-verchat, versa... Si chacun n'y met pas du chien, du sien... décidément, je suis fatigué.

*Un silence.*

CENDRINE

Docteur, depuis que je suis entrée ici, je brûle de vous poser une question.

DOCTEUR GALOP

En général, c'est moi qui... Allez-y, je vous écoute.

CENDRINE

Vous vous rendez à l'Opéra, ce soir ?

DOCTEUR GALOP

Madame, ma vie privée ne regarde que moi, et encore !

CENDRINE

Ne vous fâchez pas ! C'est à cause de votre smoking. Quand je vous ai vu, j'ai cru que je m'étais trompée d'étage... Vous ne le mettez pas tous les jours ?

DOCTEUR GALOP

Chaque fois que je suis en analyse. Je marque ainsi le respect que je porte à l'animal.

CENDRINE

Ce sentiment vous honore.

DOCTEUR GALOP

Ce n'est pas parce que l'on se trouve devant un labrador ou un veau qu'il faut s'avachir !

CENDRINE

De toute manière !... Quand on voit, à l'heure actuelle, le laisser-aller vestimentaire des deux sexes : jeans, baskets, casquettes à l'envers, grosses lunettes d'aveugle, tee-shirts délavés, walkman, chewing-gum... Et le vocabulaire !

DOCTEUR GALOP

Et le vocabulaire. Vous avez parfaitement raison, chère madame.

CHOUPETTE

Ouah ! Ouah ! Ouah !

DOCTEUR GALOP

Ah ! Choupette qui nous rappelle à l'ordre. Voilà, Choupette, je suis à toi.

CENDRINE

Il est à toi, ma minouflette, tu en as de la chance !

*Le docteur empoigne Choupette et la met sur la planche à repasser.*

DOCTEUR GALOP

Aidez-moi à la maintenir, je vais lui passer les sangles.

CENDRINE *(inquiète)*

Vous avez vraiment besoin de l'attacher ?

DOCTEUR GALOP

J'en ai trop vus qui détalaient à la première question !

CENDRINE

Attention, docteur, ses attaches sont tellement fines !

DOCTEUR GALOP

Ne craignez rien, c'est conçu pour. Voilà, nous y sommes.

CHOUPETTE

Ouah ! Ouah ! Ouah !

DOCTEUR GALOP

Éloignons-nous un instant et laissons-la méditer ; j'ai quelques questions à vous poser.

CENDRINE

Vous n'allez pas l'abandonner comme ça, le ventre à l'air ?

DOCTEUR GALOP

Je vais lui donner un os. Pendant qu'elle le rongera, nous aurons la paix. *(Il va jusqu'à la bassine, en tire un os qu'il mettra dans la gueule de Choupette.)*

CENDRINE

Tu vois, mon trésor, il n'est pas méchant le monsieur, il va te donner un os, un bon nonosse à sa mémère !

DOCTEUR GALOP

Et maintenant, mon trésor... *(Se reprenant)* madame de Lusigny, à nous deux !... *(Désignant un siège)* Si vous voulez bien vous asseoir. *(Cendrine s'assied. Le docteur se place en face d'elle et sort de sa poche carnet et stylo)*... Vous êtes bien installée ?

CENDRINE

Oui, merci...

DOCTEUR GALOP

J'aimerais connaître le comportement biologique, somatique et psychosomatique de votre clebs... *(Se reprenant)* de Choupette. Tout d'abord, son pedigree.

CENDRINE

Son pedigree ?

DOCTEUR GALOP

Son père, sa mère.

CENDRINE

Son père était un bouledogue ; sa mère, un lévrier.

DOCTEUR GALOP *(tout en notant sur son carnet)*

Ah ! Ah !

CENDRINE

Un lévrier femelle ; pas de malentendu, docteur, un lévrier femelle.

DOCTEUR GALOP

Autrement dit, une levrette.

CENDRINE

Tiens oui ! je ne sais pas pourquoi je n'arrive jamais à prononcer ce mot : levrette.

DOCTEUR GALOP

Donc : bâtard congénital.

CENDRINE *(comme vexée)*

Bâtard, bâtard.

DOCTEUR GALOP

Ce n'est pas une insulte, chère madame. N'oubliez pas qu'Antoine de Bourgogne était un bâtard, le fils naturel de Philippe le Bon. Je pourrais en citer bien d'autres... Date de naissance ?

CENDRINE

Sept janvier 1998.

DOCTEUR GALOP

Une jouvencelle ! Fille unique ?

CENDRINE

Non, la troisième d'une portée de six chiots. Mais dès que je l'ai vue, ça m'a fait... ça m'a fait...

DOCTEUR GALOP

Tilt.

CENDRINE

Tilt. Les cinq autres, aucun intérêt. Je les ai foutus dans la machine à laver, et hop ! j'ai appuyé sur le bouton.

DOCTEUR GALOP

Parfait ! parfait !... Vous avez donc été témoin de l'accouchement ?

CENDRINE

Je me trouvais dans la cuisine, en train de compter ma petite monnaie, quand Fifi les a déposés, un par un, à mes pieds.

DOCTEUR GALOP

Fifi... je suppose que c'est le nom de la mère ?

CENDRINE

Exact.

DOCTEUR GALOP

Et le nom du père ? du bouledogue ?

CENDRINE

Churchill.

DOCTEUR GALOP *(notant, imperturbable)*

Churchill. *(Léger temps)*... Il appert, si je comprends bien, il appert que Choupette est la résultante des rapports sexuels pratiqués entre Churchill et Fifi ?

CENDRINE

Vous y êtes.

DOCTEUR GALOP

Entre nous, un sacré tempérament ce Churchill : un bouledogue sauter une levrette !

CENDRINE

Ce sont des choses qui arrivent. La preuve !

DOCTEUR GALOP

Bon, admettons... Et pouvez-vous avancer plus avant dans l'arbre généalogique de Choupette ?

CENDRINE

C'est-à-dire ?

DOCTEUR GALOP

Grands-parents, arrière-grands-parents, branches adjacentes...

CENDRINE

Alors là, aucune idée ! S'il faut que je remonte à l'arche de Noé !... Déjà que je m'y perds dans ma propre famille ; je confonds les cousins, les nièces, les brus, les grand-mères, les gendres, les tantes, les lesbiennes...

DOCTEUR GALOP

Bon, bon, n'insistons pas. Et abordons le vif du sujet. *(Il rapproche son siège de celui de Cendrine. D'une voix pénétrée, de confesseur)* Madame de Lusigny, je vous demande de me rapporter, le plus exactement possible, et avec une grande économie de moyens, ce qui vous a poussée à consulter un psy ? moi-même en l'occurrence... Qu'est-ce qui ne va pas ?

CENDRINE

Je vais très bien, merci... enfin, ce n'est pas tout à fait vrai, depuis mon divorce : je souffre d'insomnie, j'ai un ulcère à l'estomac... ma tension...

DOCTEUR GALOP

Il ne s'agit pas de vous, chère madame, mais de votre Choupette.

CENDRINE

Ah mon dieu !... c'est bien regrettable. Vous m'êtes très sympathique, très...

DOCTEUR GALOP *(ferme)*

Je vous en prie, restons dans notre fief : le domaine canin. Je reviens à ma question. Quels sont les dysfonctionnements, les névroses, les psychoses que vous avez observés chez votre chère petite aboyeuse ?

CENDRINE

Des tas ! des tas !... Je ne sais vraiment pas par où commencer.

DOCTEUR GALOP

L'important, c'est de commencer. *(Long silence)* Commencez par la fin, si cela vous est plus facile.

CENDRINE

Oui, c'est ça. Sa dernière marotte, j'appelle cela marotte...

DOCTEUR GALOP *(indulgent)*

Appelons cela marotte.

CENDRINE

C'est le coup du tourniquet.

DOCTEUR GALOP

Le tourniquet, tiens donc !

CENDRINE

Brusquement, elle met sa queue dans sa gueule et tourne en rond sur elle-même. Elle tourne, elle tourne, sans jamais lâcher sa queue... sa queue qui est dans sa gueule.

DOCTEUR GALOP

Oui, j'avais compris.

CENDRINE

Elle tourne, elle tourne, une vraie toupie !

DOCTEUR GALOP

Combien de temps dure ce manège ?

CENDRINE

Quatre, cinq minutes. Et moi, j'ai beau me mettre à quatre pattes devant elle sur le tapis...

DOCTEUR GALOP

Vous vous mettez à quatre pattes ?

CENDRINE

Oui, afin d'être à la hauteur pour la sermonner : Choupette, je lui dis, c'est pas beau de tourner comme ça, avec ta queue dans la gueule. Si tout le monde en faisait autant !

DOCTEUR GALOP

Effectivement.

CENDRINE

Bernique ! comme si je crachais dans les nuages. Elle tournicote, elle tournicote...

DOCTEUR GALOP

Une petite question : elle tourne sur ses quatre pattes ou elle n'en utilise que trois ?

CENDRINE

Ça, je ne peux pas vous dire, elle tourne à une telle vitesse !

*Silence.*

DOCTEUR GALOP

Durant cette frénésie circulaire, émet-elle des grognements ?

CENDRINE

Oui, docteur, elle émet... des grognements sourds, une sorte de tonnerre lointain comme... comme un orage en perdition.

DOCTEUR GALOP

Un orage en perdition... très belle image ! Et peut-on savoir comment cela se termine ?

CENDRINE

D'une manière effroyable. Elle tombe épuisée, sur le flanc, les yeux révulsés, la langue pendante... Et moi, mon cœur... surtout depuis mon divorce, mon cœur...

*Long silence. Le docteur réfléchit profondément.*

DOCTEUR GALOP

Et vous n'avez jamais songé à lui couper la queue ?

CENDRINE

Monstre ! Oh le monstre ! *(Elle se lève brusquement)* Tu as entendu Choupette ? Tu n'as pas entendu, j'espère ! Oh !...

DOCTEUR GALOP

Je viens d'avancer une solution hypothétique et soumise à votre arbitraire ; ne vous mettez pas dans un tel état, asseyez-vous, je vous en prie. *(Cendrine se rassied. Léger silence)...* Permettez-moi d'ajouter, chère madame, que vous faites preuve d'une hyperémotivité.

CENDRINE

Vous êtes bon, « cher docteur », si, tout à trac, je vous demandais de vous la couper ?

DOCTEUR GALOP *(sec)*

Ne mêlons pas les genres, voulez-vous, ni les espèces... Quoi encore ?... Autres symptômes... je vous écoute.

CENDRINE

Son transfert sur mes pantoufles.

DOCTEUR GALOP

« Transfert », vous employez là un mot qui appartient à notre corporation. Ce n'est pas à vous d'interpréter... Seulement les faits, uniquement les faits... Vos pantoufles. Je vous écoute.

CENDRINE

Eh bien, mes pantoufles, elle les prend pour des lapins.

DOCTEUR GALOP

Ah !

CENDRINE

Brusquement, taïaut ! taïaut ! elle fonce dessus, les saisit au collet et se met à les déchiqueter, à les réduire en miettes, avec une rage, une volubilité...

DOCTEUR GALOP

Une volubilité...

CENDRINE

J'en suis à ma treizième paire ! Une paire surtout me reste sur l'estomac : de ravissantes petites mules en velours bleu, capitonnées, avec des pompons roses... Elle n'en a fait qu'une bouchée !

DOCTEUR GALOP

Si cela peut vous consoler, madame de Lusigny, c'est moins risqué pour votre chienne d'avaler une pantoufle, voire une mule, que d'avaler un lapin. À cause des os. Rien n'est plus dangereux pour un canin que des os de lapin. Une pantoufle... *(Sonnerie du téléphone)* Excusez-moi. Comme Pépita n'est pas là, je suis obligé de répondre moi-même. *(Il se saisit du téléphone. Cendrine en profite pour se rendre auprès de Choupette. Durant toute la conversation téléphonique, elle murmurera des mots tendres à la chienne)...* Docteur Galop, j'écoute... madame Soulard ? Bonjour madame Soulard... Oui, je suis en consultation... Oui, vous me dérangez... C'est grave ?... Achille vous joue encore des tours ?...

Tentative de suicide... Ah !... Pendu au bout de sa laisse à un crochet du portemanteau... Heureusement, vous êtes arrivée à temps... *(S'emportant)* Mais madame Soulard, Achille savait très bien que vous arriveriez à temps !... De la frime ! Du cabotinage !... Je le connais mon bonhomme... Souvenez-vous de la fois où il a simulé une crise d'épilepsie. Un bon coup de pied dans la gueule et il n'a plus pipé ! Oui, j'entends bien, n'aboyez pas madame Soulard ! Il n'est pas mort, votre Achille, je dirais même, sauf tout le respect que je vous dois, qu'il se fout de votre pomme !... Demain matin ?... Bon, bon, d'accord. Mais pas avant onze heures, j'ai rendez-vous avec une truie. Mes hommages, madame Soulard.

CHOUPETTE

Ouah ! Ouah ! Ouah ! Ouah !

DOCTEUR GALOP

Allons, bon ! *(Il va jusqu'à la planche à repasser où se tient encore Cendrine)*... Vous lui avez retiré son os !

CHOUPETTE

Ouah ! Ouah !

CENDRINE

Elle allait finir par s'étrangler !

DOCTEUR GALOP

Mais non, mais non ; redonnez-lui son joujou et poursuivons « chien qui ronge un os, laisse pisser le mérinos ».

CENDRINE *(lui remettant son os dans la gueule)*

Tiens, ma poupée, le bon nonosse !... Et on va encore parler de toi !

*Tous deux regagnent leurs places respectives.*

DOCTEUR GALOP *(voulant manifestement en finir)*

Chère madame, tout ce que vous m'avez dit...

CENDRINE

Je ne vous ai pas tout dit ! Quand je m'absente trop longtemps, en guise de représailles, elle pisse dans mes pots de géranium. La fois dernière, c'était dans mes bottes.

DOCTEUR GALOP

Admettons. Et elle ne supporte pas le téléphone – j'ai enregistré. Des broutilles, chère madame, des broutilles. Je tiens à vous rassurer ; pas de quoi fouetter un chat ! Quelques cachets de propémidon ou de carbonate de lithium...

CENDRINE *(très grave tout à coup)*

Des broutilles !... Et les nuits où elle se prend pour le chien des Baskerville ? !

DOCTEUR GALOP *(intéressé)*

Comment cela ? Qu'est-ce que vous racontez ? Elle n'a tout de même pas lu le roman de Conan Doyle !

CENDRINE

Non, bien sûr. Mais moi, je le lui ai lu.

DOCTEUR GALOP

Ah !

CENDRINE *(évoquant la scène sur un ton romantique)*

Un tableau digne d'être peint : moi, dans ma petite chambre éclairée par des candélabres, assise dans ma bergère Louis XV, Choupette couchée à mes pieds sur une peau de léopard. Il ne fait plus tout à fait jour, et ce n'est pas encore la nuit, c'est l'heure dite – entre chienne et loup.

DOCTEUR GALOP *(rectifiant)*

Entre chien et loup.

CENDRINE

Bientôt le crépuscule va basculer ; la première

étoile trembler de tout son corps ; la nuit, encore vierge, va s'épaissir et délivrer des ténèbres irrécusables...

DOCTEUR GALOP *(fasciné)*

Continuez, je vous en prie, continuez !

CENDRINE

Seul, le tic-tac de la pendule – une pendule Empire héritée de mon oncle – ponctue le cours de mon récit, soulignant ainsi la fuite inexorable du temps...

DOCTEUR GALOP

*Fugit irreparabile tempus !*

CENDRINE

Ah ! Docteur Galop, si vous pouviez voir l'expression de Choupette durant ces minutes exquises, son excitation à l'écoute de ce polar...

DOCTEUR GALOP

Bien qu'elle ne soit pas un chien policier !

CENDRINE

... bien qu'elle ne soit pas une chienne policière... Elle retrousse ses babines, ses petits yeux brillent comme des lucioles, la truffe de son museau se dilate, ses oreilles dressées, on dirait deux radars... Parfois, quand l'émotion est trop forte, elle frappe le sol de grands coups avec sa queue ! je dois marquer un temps d'arrêt. Ah ! il ne s'agirait pas de sauter une page !

DOCTEUR GALOP

Et, qu'est-ce qui vous fait supposer son identification avec...

CENDRINE

Ce n'est pas une supposition, docteur. J'assiste à une véritable métamorphose, à un phénomène à faire dresser les cheveux sur le crâne d'un chauve !

DOCTEUR GALOP

Bigre !

CENDRINE

Une nuit – deux, trois heures du matin – j'étais plongée dans le sommeil. Tout à coup, je sens une présence à mes côtés sur la descente de lit. J'ouvre un œil. Horreur !... J'étouffe le cri qui allait jaillir de ma poitrine. Horreur ! une présence sulfureuse, énorme : Choupette !... Mais une Choupette qui a quintuplé de volume. Énorme ! Un molosse !... Son poil est aussi noir que le charbon, de la fumée s'échappe de sa gueule… Ses yeux qui me fixent sont rouge coquelicot, ses pattes sont velues, sa queue ricane… Énorme, phosphorescente !

DOCTEUR GALOP

Comme le chien des Baskerville.

CENDRINE

Je ne vous le fais pas dire !… En même temps, j'ai cru entendre les pas étouffés du docteur Watson dans le salon, suivis d'une conversation à voix basse avec monsieur Holmes.

DOCTEUR GALOP

Monsieur ?

CENDRINE

Holmes. Sherlock Holmes.

DOCTEUR GALOP

Ah oui !

CENDRINE

Là, j'avoue que j'ai peut-être été suggestionnée par le chapitre 32… Mais ce qui m'a glacé les sangs c'est quand Choupette, l'autre Choupette, l'énorme, s'est mise à aboyer… Ce n'était pas un aboiement, docteur, c'était le long, l'atroce, le douloureux hurlement d'une louve.

DOCTEUR GALOP

Diable !

CENDRINE

Je me souviens, je me suis signée. Je m'étais plaquée contre le mur – les draps remontés jusqu'aux yeux... Terrifiant !

DOCTEUR GALOP

Vous étiez terrifiée.

CENDRINE

Oui. Mais, tout à coup, mue par une force adrénalique, voilà que moi aussi je me suis mise à hurler. J'ai hurlé : Choupette, Choupette, pour qui tu te prends ? en voilà des manières ! – je savais très bien pour qui elle se prenait. D'entendre son nom ça a dû lui remonter au cerveau, lui rappeler son curriculum vitae : elle a fermé sa gueule !

DOCTEUR GALOP

Ouf !

CENDRINE

J'ai continué à lui parler, mais cette fois, doucement, très doucement : mon trésor, mon roudoudou, ma petite crotte... Elle a commencé à ramollir, à perdre du volume, cela m'a encouragée : ma crevette, mon crapaud, ma biquette... *(Le docteur consulte sa montre)*... et au bout d'un moment, elle a craqué ! Elle est revenue à elle-même, à ce qu'elle était, à ce qu'elle a toujours été, la fille de Churchill et de Fifi... Et, comme si elle voulait se faire pardonner, voilà qu'elle s'est mise à sauter sur mon lit, toute joyeuse, toute frétillante, la queue en trompette, à me débarbouiller le visage avec sa petite langue rose...

DOCTEUR GALOP

Il s'agit là, effectivement, d'un cas singulier et qui mérite toute notre attention.

CENDRINE *(triomphante)*

N'est-ce pas !

DOCTEUR GALOP

Ça lui arrive souvent de se prendre pour le chien des Baskerville ?

CENDRINE

Les soirs de pleine lune – mais je la rappelle tout de suite à l'ordre.

*Long silence. Le docteur s'abîme en de profondes réflexions.*

DOCTEUR GALOP

Et... vous n'avez jamais songé, après cette douloureuse expérience, à lui lire un livre d'une tout autre facture ? Un livre édifiant, par exemple ?

CENDRINE

Pensez si j'y ai pensé ! J'ai sorti de ma bibliothèque *Les Mémoires d'une jeune fille rangée.* Au bout de la troisième page, elle s'est prise à bâiller, à bâiller... à s'en décrocher la margoulette. La comtesse de Ségur, ce n'est pas sa tasse de thé !

DOCTEUR GALOP

Sans vouloir vous offenser, chère madame, l'auteur de ces *Mémoires* n'est pas la comtesse de Ségur, mais Simone de Beauvoir, la compagne collatérale de Jean-Paul Sartre, ce grand sartrien.

CENDRINE

Si vous le dites... En tout cas, j'ai jugé bon de supprimer les séances de lecture.

DOCTEUR GALOP

Parfait, parfait. *(Pensant à voix haute)* Nous ne sommes pas loin des anxiétés, préhypnotiques et des bouffées hallucinatoires si chères au professeur Watzlawic...

CENDRINE

Et je lui interdis la télé. Pas question de l'abêtir !

*Le docteur Galop reste un moment perdu dans ses pensées.*

DOCTEUR GALOP

Pour que tout soit clair : vous ne voyez rien d'autre à ajouter aux débordements de votre demoiselle ?

CENDRINE

Rien, docteur. Enfin, si !... Mais c'est très délicat.

*Silence.*

DOCTEUR GALOP

Je vous écoute.

CENDRINE

Extrêmement délicat... Je sens que je vais rougir.

*Un temps.*

DOCTEUR GALOP

Rougissez s'il le faut, nous sommes entre nous.

CENDRINE

Ça devrait plutôt être elle qui...

*Silence.*

DOCTEUR GALOP *(légèrement énervé)*

Parlez, rougissez, verdissez, faites des claquettes mais exprimez-vous d'une manière ou d'une autre !

CENDRINE

Puisque vous insistez... Non, je n'ose pas. Si ! j'ose !...

*Elle se rapproche du docteur et lui parle à voix basse. Il n'entend rien.*

DOCTEUR GALOP

Parlez plus fort, madame de Lusigny, vous n'êtes pas au confessionnal ! Elle quoi ?

CENDRINE *(fort)*

Elle se masturbe.

*Grand silence.*

DOCTEUR GALOP

Pratique assez répandue aux quatre coins du globe, chère madame. Non seulement chez les animaux... Que celui qui ne s'est jamais livré à ce *self-service*...

CENDRINE

Ah ! vous me soulagez, j'avais honte pour elle.

DOCTEUR GALOP

En ce domaine, l'onanimus caninus n'a rien à envier à l'« hominus onanimus ».

CENDRINE

Ah ! vous me soulagez.

*Léger silence.*

DOCTEUR GALOP

Puis-je vous demander comment elle procède ?

CENDRINE

...

DOCTEUR GALOP

Je m'explique : par quel artifice – *miserabilis et horrendum artificium !* –, par quel artifice, dis-je, parvient-elle à ses fins ?

CENDRINE

La patte gauche.

DOCTEUR GALOP

La patte gauche.

CENDRINE

De devant, bien sûr.

DOCTEUR GALOP

Bien sûr.

CENDRINE

Et couchée sur le dos, avec la tête légèrement relevée.

DOCTEUR GALOP *(rêveur)*

Oui, oui, je vois...

CENDRINE

Le pire, c'est qu'elle sort de ce *divertimento* complètement lessivée, les yeux cernés, le regard vitreux... elle aboie de travers, elle titube, elle se cogne partout... C'est ça qui me fait peur, si elle continue à ce rythme...

*Silence. De fortes pensées traversent l'esprit du psychanalyste.*

DOCTEUR GALOP

Et... vous n'avez jamais songé à enduire de moutarde sa patte gauche ? De moutarde ou de piment rouge finement écrasé ?

CENDRINE *(révoltée à cette idée)*

Pourquoi pas de l'acide prussique, pendant que vous y êtes ! Pauvre petite bête... Si ça lui fait plaisir de s'octroyer une petite branlette !

DOCTEUR GALOP

Permettez-moi de vous faire observer, chère madame, que c'est vous qui semblez en souffrir, personnellement...

CENDRINE

Pardonnez-moi, il m'arrive d'être irascible. Depuis mon divorce...

DOCTEUR GALOP *(l'interrompant)*

Oui, oui... Nous avons donc fait le tour de Choupette ?

CENDRINE

Cette fois, docteur, je vous ai vraiment tout dit.

DOCTEUR GALOP

Parfait, parfait... Récapitulons : hystérie, boulimie, dysthémie, arythmie, mégalomanie, érotomanie...

CENDRINE

N'en jetez plus ! N'en jetez plus !

DOCTEUR GALOP

Nous nous arrêterons là. *(Grave)* Et maintenant, chère madame, puis-je vous prier de nous laisser seuls, Choupette et moi.

CENDRINE *(interdite)*

Quoi ? de...

DOCTEUR GALOP

Pépita va vous conduire au living-room. (*Se tapant le front*) Ah ! j'oublie que Pépita est en train de défiler entre la République et la Bastille ; je vais vous y conduire moi-même.

CENDRINE *(avec force)*

Il n'en est pas question !

DOCTEUR GALOP

Je regrette, madame...

*Il lui saisit le bras pour l'entraîner, Cendrine se dégage violemment.*

CENDRINE

Il n'en est pas question. Tout ce que Choupette pourra vous dire, je puis aussi bien l'entendre. Depuis des jours et des nuits que nous vivons ensemble, dans la plus stricte intimité, Choupette n'a jamais eu de secrets pour moi.

DOCTEUR GALOP

C'est ce que vous croyez, chère madame.

CENDRINE

Choupette et moi, c'est comme Sancho et Pança.

DOCTEUR GALOP *(avec une patience infinie)*

Je n'en doute pas. Cependant, essayez de comprendre. *(Ton professoral)* Lors d'une analyse, nous nous trouvons en présence du sujet A, l'analyste, et du sujet B, l'analysé. A et B. Ou A et A', si vous préférez. D'accord ?

CENDRINE

D'accord.

DOCTEUR GALOP

S'installe alors un véritable tête-à-tête. Souvent douloureux, n'ayons pas peur de l'avouer... Deux têtes, donc, et un monologue. Une tête qui n'est qu'une bouche – sujet B l'analysé –, et qui parle, qui parle... et une tête qui n'est qu'une oreille, sujet A ou A'. D'accord ?

CENDRINE *(plus que méfiante)*

D'accord.

DOCTEUR GALOP

Je suis cette oreille. Une oreille à l'écoute. À l'écoute du rien. Mais un rien qui est tout pour le sujet B, le sujet analysé. D'accord ?

CENDRINE *(faiblement)*

D'accord.

DOCTEUR GALOP

Il va de soi qu'entre ces deux pôles, positif et négatif, la moindre interférence, le moindre parasite – vous, en l'occurrence...

CENDRINE

Parasite ! Vous me traitez de parasite !

DOCTEUR GALOP

Disons, intrusion. La moindre intrusion ne peut qu'entraver les rapports interconnexionnels, ou interréférentiels, si vous préférez, qui doivent s'établir entre l'analyste muet et le moulin à paroles qu'est l'analysé... A ou A'... C'est pourquoi, je vous prie, avec insistance...

CENDRINE *(farouche)*

Vous pouvez me raconter toutes les sornettes que vous voulez, il n'en est pas question ! Plutôt me faire hacher menu que d'abandonner Choupette !

DOCTEUR GALOP *(en aparté)*

Hacher menu, dit-elle. *(Saisi soudain de colère)* Trop c'est trop ! Je commence à en avoir ras le col, ras le bol !... Dans ce cabas, ce cas-là, madame d'Isigny, de Lusigny, prenez vos cliques, vos claques, votre clebs, et s'il clapote votre clebs, s'il clamse, ou bien s'il joue à la Joséphine qui prend la lapine de Léon pour la pine, la lapine de Napoléon, je m'en lave les palourdes, je m'en rince les badigouinces, je m'en ficelle la manivelle !

CENDRINE *(abasourdie)*

Docteur !

DOCTEUR GALOP

Il ne faut pas prendre les enfants du bon vieux, du bon Dieu, pour des connards sauvages, des canards sauvages. *(Il sort son mouchoir et s'éponge le front.)*

CENDRINE *(elle verse dans l'éblouissement)*

Docteur, vous êtes beau quand vous vous mettez en colère ! Ce que vous êtes beau !

DOCTEUR GALOP
*(doucement surpris, sur un ton conciliant)*

La limite a des limites, surtout quand cela dépasse les limites.

CENDRINE *(fascinée)*

Docteur, je ferai tout ce que vous voulez ; si vous désirez que je me cache, que je fasse le ménage, la cuisine, ou que je me suicide...

DOCTEUR GALOP

Allons, allons ! Vous dites n'importe quoi !

CENDRINE *(même jeu)*

N'importe quoi !... Vous m'impressionnez tellement... votre science, votre verbe, votre *look*... Si j'avais su j'aurais mis ma robe du soir !

DOCTEUR GALOP *(gêné et flatté)*

Allons, allons...

CENDRINE

C'est rare de rencontrer un homme, un *vrai*, surtout de nos jours !

DOCTEUR GALOP

Pourtant, si j'ai bien compris, vous avez goûté aux liens matrimoniaux...

CENDRINE

Ce n'étaient pas des liens, docteur, c'étaient des câbles. *(Lui saisissant la main)* Si vous saviez...

DOCTEUR GALOP
*(sa main est emprisonnée dans celle de Cendrine, fléchissant)*

Moi-même – et veuillez pardonner ma saute d'humeur ; fatigue, surmenage...

CENDRINE

Vous êtes tout pardonné.

DOCTEUR GALOP

Moi-même, dis-je, votre présence, votre féminité...

CHOUPETTE *(aboiements furieux)*

Ouah ! Ouah ! Ouah ! Ouah ! Ouah ! Ouah !

*Cendrine et le docteur sursautent.*

DOCTEUR GALOP

Encore un os de rongé !

CENDRINE *(de plus en plus fondante)*

Vous me laissiez entendre...

CHOUPETTE

Ouah ! Ouah ! Ouah ! Ouah !

CENDRINE *(avec force)*

Ta gueule, Choupette !

*Silence de Choupette.*

DOCTEUR GALOP *(pressant la main de Cendrine)*

Eh bien oui ! je vous l'avoue, j'ai été profondément troublé lorsque vous avez évoqué votre séance de lecture, dans des termes si poétiques...

CENDRINE *(illuminée)*

Vraiment ?

DOCTEUR GALOP

Votre chambre, les candélabres, vous, toute nue sur une peau de léopard, entre chien et loup, la première étoile qui se met à claquer des dents, votre pendule datant de Bas-Empire, tic tac, tic tac... je ne me souviens plus exactement.

CENDRINE

À vrai dire, moi non plus... quand l'inspiration me saisit...

DOCTEUR GALOP

J'ai ressenti comme une sorte de frémissement intérieur... de...

CENDRINE

Je ne m'en suis pas du tout aperçue !

DOCTEUR GALOP

*Anguis latet in herba...* dans ce monde où nous ne vivons que trop ! que trop ! où de nos jours le crime est élevé au rang d'une bluette, comme il est bon, comme il est apaisant d'entendre une voix, la vôtre...

CHOUPETTE *(aboiements furieux et prolongés)*

Ouah ! Ouah ! Ouah ! Ouah ! Ouah ! Ouah ! Ouah ! Ouah !

DOCTEUR GALOP *(brusque)*

Je vais lui faire une piqûre.

CENDRINE

C'est cela, faites-lui une piqûre !

*Il se lève. Se saisit d'une grande seringue, l'emplit d'un liquide verdâtre.*

DOCTEUR GALOP

Ça va l'endormir pour une petite heure.

CENDRINE

Une grande si vous voulez, docteur, une grande.

*Tandis que le docteur va jusqu'à Choupette et lui administre sa piqûre, Cendrine sort son poudrier, son tube de rouge à lèvres et se refait une beauté. Gémissements de Choupette. Ils finiront par s'espacer, puis par s'éteindre.*

DOCTEUR GALOP *(il vient d'ôter sa blouse)*

Voilà. Elle peut rêver tout à son aise qu'elle est l'orang-outang de Bornéo !

CENDRINE

L'orang-outang de Bornéo ! Ce que vous êtes drôle !

*Elle est prise d'un fou rire nerveux que partage le docteur. Il a rapproché son fauteuil de celui de Cendrine. Celle-ci lui reprend la main. Doux silence.*

DOCTEUR GALOP

Chère madame...

CENDRINE

Cher docteur.

DOCTEUR GALOP

Puis-je me permettre de vous poser quelques questions ?

CENDRINE *(ravie)*

Mais bien sûr ! Mais comment donc !

DOCTEUR GALOP

Vous vous appelez Cendrine de Lusigny ?

CENDRINE

Cendrine de Lusigny. Mais vous pouvez m'appeler Cendrine.

DOCTEUR GALOP

Joli prénom. Bien qu'un peu mélancolique, un peu... carême. Cendrine, cendres... *memento homo quia pulvis est...*

CENDRINE

Je n'y avais pas songé. Et vous-même, docteur...

DOCTEUR GALOP

Gaëtan. Gaëtan Galop.

CENDRINE

Bigre !

DOCTEUR GALOP

Gaëtan, comme Gaëtan.

CENDRINE

Fière allure. Très chevaleresque ! Hop ! hop ! au trot, au trot, au galop !

DOCTEUR GALOP

Spirituelle, par surcroît !... Si j'ai bien compris, vous êtes divorcée ?

CENDRINE

Oui, depuis trois mois.

DOCTEUR GALOP

Sans enfants.

CENDRINE

Sans enfants. *(Vivement)* Mais j'aurais pu, j'aurais pu, si j'avais écouté le pape !

DOCTEUR GALOP

Un brave homme, au demeurant... Peut-être un peu trop à cheval sur le Saint-Siège.

CENDRINE

Et vous-même *(Timidement)* Gaëtan, vous êtes...

DOCTEUR GALOP

Célibataire.

CENDRINE

Célibataire, un homme comme vous !

DOCTEUR GALOP

Voyez-vous, Cendrine, à force de côtoyer les animaux, j'en suis arrivé à oublier l'homme. Et oublier l'homme, c'est oublier la femme.

CENDRINE

Mon dieu, comme c'est fâcheux !

DOCTEUR GALOP

Jusqu'à un certain point...

CENDRINE

Célibataire, peut-être, mais célibataire de choc, j'en suis sûre ! Vous n'allez pas me faire croire que vous n'avez pas connu... que vous n'avez pas connu des plaisirs bestiaux.

DOCTEUR GALOP

Bestiaux !

CENDRINE

Sinon bestiaux, du moins... « primitifs » !

DOCTEUR GALOP

En toute franchise, madame de..., Cendrine, jusqu'ici, mes grandes joies ont été professionnelles. Encore dernièrement, on m'a amené une autruche. Jeune, fine, sensible, intelligente. Les jambes nues et de très belles plumes – une grande dame. Mais elle refusait obstinément de pondre. Après une longue conversation – j'évoquais ses courses folles dans le désert, la bonté de son estomac, sa manière d'enfouir sa tête dans le sable et de rester ainsi, des heures durant, le cul à l'air, etc., etc. Eh bien ! tout à coup, elle s'est accroupie sans rien dire, et plouf ! Qu'est-ce qui roule à mes pieds ? Un œuf !

*Léger silence.*

CENDRINE

Un œuf ne fait pas le printemps.

DOCTEUR GALOP

Et l'hirondelle ne fait pas le moine. Il est trop vrai que je me suis enfermé dans une sorte de prison déontologique ; j'ai l'impression d'avoir, toute ma vie, hiberné.

CENDRINE

Hiberné ?

DOCTEUR GALOP

Oui, d'avoir oublié le printemps, précisément, d'avoir boudé l'essentiel... *(Lui pressant les mains)* Mais depuis que je vous vois près de moi, Cendrine ! si tactile, si fébrile, si... volatile, j'ai beau m'en défendre, je me sens tout autre ; je m'éveille ; l'animal qui est en moi – qui est en tout homme – se libère enfin ! *(Exalté)* Alléluia ! il me pousse des sabots, il me pousse des cornes, une queue, il me pousse des ailes... Ah ! Cendrine !

*Il se rue sur elle et l'embrasse furieusement sur la bouche. Cendrine suffoque. Elle parvient à reprendre son souffle.*

CENDRINE *(étourdie, ravie)*

Mazette !

DOCTEUR GALOP *(confus)*

Pardonnez-moi, je viens de me conduire comme... comme...

CENDRINE

Comme un centaure ! Quel galop, Gaëtan ! Quelle ruade !... Bis !

*À son tour, elle se jette sur lui. Farouches embrassades.*

DOCTEUR GALOP *(réussissant à se dégager)*

Quel feu sous la cendre, Cendrine !... *(Plus qu'excité)* Ne restons pas là, passons au living-room : canapé, miroirs, orchidées...

CENDRINE

Oui, mon grand loup, oui.

DOCTEUR GALOP

Par ici... Profitons de ce que Pépita ne soit pas encore rentrée.

CENDRINE

J'espère qu'elle a été embarquée par les flics ! *(Ils disparaissent dans le living-room. La lumière de scène se prend à baisser. Presque aussitôt nous entendons les soupirs, les gémissements de Cendrine. Voix off)* Gaëtan !... Gaëtan, qu'est-ce que tu fais ?

DOCTEUR GALOP *(voix off)*

Ma biche !

CENDRINE *(comme si elle s'adressait à Choupette)*

Ma brebis, mon trésor, mon roudoudou.

DOCTEUR GALOP

Ma génisse, ma Pépita.

CENDRINE *(voix off)*

Non Gaëtan, non pas ça. Aïe ! non, non pas ça !... Oui, oui, oui, encore !

*En surimpression aux échos des ébats érotiques, on entend soudain de longs et lugubres hurlements : Choupette, en rêve, se prend pour le chien des Baskerville.*

RIDEAU

*S^t Léonard, Décembre 1996*

# RAPPENING

*Ce long monologue met en scène un homme sortant de prison et qui se raconte en empruntant la forme du rap.*

*Le petit matin de sa libération, il se retrouve seul, sur le trottoir – seul avec sa petite valise. Personne n'est venu à sa rencontre, pas même sa petite amie. Le désert.*

*« Le désert*
*Le vide planétaire*
*Comme si moi qui suis là j'étais pas là*
*Figé, paralysé*
*Sachant pas où aller.*
*À gauche ? À droite ? Par ousque c'est l'éternité ? »*

*Avec ou sans percussion, sur un rythme désespérément monotone.*

Je suis né un jour de pluie à c'qui paraît/le ciel pissait d'partout sur les toits sur les bourgeois sur les mecs et les nanas/les rats jouaient d'l'harmonica...

Je suis né juste à c'moment-là/chocolat ! chocolat !/le ciel pissait par tous les bouts à c'qui paraît/mon père et ma mère – déjà j'pouvais pas les blairer – pourquoi qu'ils m'avaient fait né j'étais pénard ousque j'étais/ou plutôt ousque j'étais pas/mon père et ma mère pissaient chacun de leur côté ils étaient séparés/j'suis arrivé vinaigre tout maigre englué ratatiné contaminé on pouvait pas faire plus laid/ma mère n'avait plus d'lait et mon père pas d'boulot/lui il s'est barré entre deux pernods ma mère a fait la r'tape à Sébasto :

— Un p'tit extra Milord pour mon marmot /cent thunes de plusse et j'vous fais les Ballets Russes/un p'tit extra extra ! vous l'regretterez pas/pour mon marmot/il lui manque encore des os il grandit pas il forcit pas il marche pas droit mais c'est un trésor une petite crotte en or un gentil petit poulet, ouais...

Un jour de pluie un jour qui f'sait la gueule une vraie gueule d'enterrement j'suis arrivé comme un boulet/vlan ! un boulet qu'avait des yeux une bouche un pif dévié des panards atrophiés un nombril comme un clou une petite bite en caoutchouc/un boulet qu'était moi va savoir pourquoi un boulet qu'est toujours moi et que j'traîne j'suis condamné à être forçat.

Je n'me suis pas fait passer/je n'me suis pas suicidé/je suis toujours là/chocolat ! chocolat !/à faire le zouave le cave le mariole le vivant bénévole. Pigeon vole ! Pigeon vole ! Conneries volent ! J'en ai-t-y pas fait des conneries des vacheries... quand j'me suis r'trouvé en taule – je sais j'prends un raccourci j'mets les bœufs avant les souris ça vient trop tôt mais ça m'trotte dans l'ciboulot :

Trois ans de taule à Fleury-Mérogis : un délice !/un délice/logé nourri blanchi joyeuse compagnie un sacré ronron/mortadelle et morpions/et le gafe qui vous agrafe le gafe qui vous donne le biberon. Bon. Une fois j'ai eu droit au mitard/j'avais cogné une tête de lard rose bonbon qu'est dev'nue rouge potiron. Bon. C'est le lard qui fait l'cochon. En c'temps-là Ali-Baba j'étais beau comme une moto/le regard magnétique mince comme un coup d'trique vingt balais d'moins et fortiche pour le baratin/ ah ! quand j'y pense j'deviens lyrique :

*(Déclamant)*

Fleury, Fleury, Fleury-Mérogis
Ave Pater de profundis
Le temps s'débine sans crier gare
Odeur de gare
Odeur de gare et de pets dans l'falzar
L'appel la gamelle la planque
Un rat sur le galetas qui décampe
Michou Toto Louis Treize
Dédé l'épagneul
Riton la grande gueule
Aussi doux la nuit que ma portugaise
Et le p'tit Jésus et Vercingétorix
Des mecs à la r'dresse
Qu'ont jamais eu d'adresses
Bongo Bongo si noir si noir
L'Afrique au creux du désespoir
Brute légère au cœur de lys...
Des jours des nuits tout ronds tout lisses...

Des jours des nuits tout ronds tout lisses
Fleury, Fleury-Mérogis
Ave Pater de profundis !

Un jour j'en suis r'ssorti de Fleury. Jour J. Pomme de rainette et pomme d'api. Ma peine je l'avais purgée. Purgée. Une grande colique qu'était passée. Jour J. Jour ci-gît. Un jour pas comme les autres à pas mettre dehors un apôtre. Petit matin frisquet, frisquet l'humidité qui suintait d'en haut d'en bas qui vous ramollissait l'cerveau jusqu'au p'tit doigt/on voyait pas tout à fait clair/le soleil il s'était pas encore envoyé en l'air... Le marrant dans tout ce tremblement c'est que le mur qu'avait été trois ans devant il était maintenant derrière, le vieux frère, le même mur mais du côté d'la doublure/et moi paumé, sonné, tout seul sur le trottoir avec ma petite valise aléatoire, tout seul avec mézigue, mes pensées qui dansent la gigue/tout seul/pas un passant pas un mourant pas un membre du gouvernement/personne pour ma pomme/personne venu me chercher me dire salut mon pote et fraternité/viens c'est l'heure la bonne heure pour se taper un café des croissants au beurre et Mimi par-dessus le marché – personne sauf un pigeon en deuil un pigeon qu'atterrit ! chlasse ! à trois pas d'mes godasses/et qui m'roule un drôle d'œil/personne pour ma pomme pas même Henriette la salope la petite salope la salopette/ quand j'pense à toutes les cochonneries qu'on a faites tous les deux au lit – un mec comme toi qu'elle me disait un mec comme toi j'en connais pas/à toi tout seul t'es l'Opéra – j'suis ton violon j'suis ta grosse caisse mes lolos jouent des castagnettes tu m'fais vibrer d'tous les côtés/d'la coloquinte jusqu'aux doigts d'pieds/y'a des moments j'sais plus où j'suis/j'suis à la recherche de mon nombril/je crois des fois que j'vais clamser/clamser dans la félicité... Arrête arrête, je vais clamser ! arrête si tu veux r'commencer – qu'elle me disait, Henriette, ma môminette...

Pas plus d'Henriette que d'beurre noisette/elle aurait pu faire un effort se foutre à poil sous son castor et arriver toute frétillante/avec un bouquet d'communiante. Bernique. Peau de bique. Pas un chat ! Pas d'entrechat. Le désert le vide planétaire/comme si moi qui suis là j'étais pas là/figé paralysé sachant pas où aller à gauche ? à droite ? par ousque c'est l'éternité ?

Parlez d'une sortie d'taule ! sûr que j'ai perdu mes pôles que je... que je... V'là que j'me sens mauvais tout à coup/mauvais comme au premier jour que j'ai vu l'jour/un jour de pluie un jour tout rouillé meurtrier déjà tout ça m'faisait chier/mauvais que j'me sens, ça m'démange dans l'sang ça va mal tourner, le premier qui passe qu'il soit roi de Suède ou serrurier/le premier qui passe je vais l'buter lui apprendre à pas m'rencontrer/le buter l'étendre raide à mes pieds/c'coup-là on viendra bien m'chercher une bande de flics radinera pour me saluer salutations distinguées je r'tournerai en taule à perpétuité/là au moins on sait ousqu'on va/et surtout ousqu'on va pas/y'a plus à se faire du mouron et ron et ron petit patapon on est tout d'suite dans d'beaux draps des beaux draps en chocolat.

Chocolat ! Chocolat ! et le gafe un grand mec avec des balafres il est là pour donner le biberon. Bon.

Toujours personne j'reste là cloué desséché ma valise prête à crever et l'pigeon qui tourne en rond quand v'là-t-y pas... quand vl'à-t-y pas que vient vers moi – fantôme ? extra-terrestre, ou quoi ? un type fringué comme un curé le bon Dieu à la boutonnière/il s'arrête à deux pas je n'pipe pas/il me r'luque avec un r'gard de mollusque/met la main sur mon épaule saint Pierre saint Jacques saint Paul de quel droit ?/j'vais lui casser la gueule, quoi ? et puis merde voyons venir faut parfois réfléchir...

« T'en fais pas mon petit qu'il me dit d'une voix de momie/t'en fais pas on va s'occuper de toi/est-ce que tu as un toit ? on va s'occuper de toi te trouver un emploi pour que tu te réintègres... » – Réintègre que j'répète comme si j'entendais jacter petit nègre... – « Oui, mon petit, te réintégrer dans la société... » – Société que j'répète halluciné comme si j'sortais d'un asile d'aliénés... – « La société au capital illimité qu'il resusurre avec un sourire qui va du mur jusqu'à l'Oural/on va t'aider te changer d'air je fais partie de l'ARDR tu as peut-être entendu parler ? » — Je s'coue la tête on peut pas plus bête plus con pour dire non/ – « L'Association pour la Réintégration des Délinquants Repentants... » – Me réintégrer, tonton, alors que j'lui ai r'filé sur un ton tout de même de politesse/me réintégrer mes fesses/Vu qu'j'ai jamais été intégré comment qu'c'est-y que j'pourrais m'réintégrer ?... Ah ! mes aïeux il en est resté comme deux ronds de flan/avec dans les yeux des lueurs de férocité/son bon Dieu avait des ratés/et moi j'sais pas c'qui m'a pris ça d'vait être le Saint-Esprit j'ai filé comme un dingue à toute berzingue direction opposée avec ma p'tite valise qui voulait pas me lâcher.

*(Dans une sorte d'extase)*

Le jour avait bouffé la dernière étoile/il s'est vraiment mis à s'lever/un jour en robe de mariée/des voiles blancs/des voiles blancs transparents avec du rose en d'ssous/du rose qui s'est mis à virer sur le bleu un bleu pâlot et qui s'est mis à rougir crescendo puis à passer au vert sans prévenir/y'avait longtemps qu'j'avais pas vu l'ciel dans son entier/j'en aurais chialé. J'ai marché marché/surtout pas m'retourner – et v'là qu'les voitures se sont mises à rouler les passants à passer un clodo à gueuler/et moi comme un con j'ai salué l'laitier les poubelles une donzelle un cabot famélique/même j'ai salué un flic ! je saluais je saluais/le chapeau que j'avais pas je l'ôtais/je saluais tout c'que j'rencontrais/j'me courbais j'me dévissais j'me disais des mots qui dansent qui n'ont pas de sens comme ça tralala on aurait cru à un ivrogne/sauf la trogne...

maint'nant qu'j'y pense tous ces pantins/tous ces pantins que j'revoyais à l'air frais et comme s'ils étaient vrais tous ces pantins et leurs saints frusquins/habillés astiqués gominés drôles d'appareils pareils la veille que le lendemain, ils me faisaient marrer/c'est ça ils m'faisaient rigoler – je saluais et j'me marrais qu'est-ce que j'me marrais !... Ouais.

Mais j'me suis pas marré longtemps/y'a pas d'quoi s'fendre la rate on n'est plus en dix-neuf cent/le temps il n'est plus bon faut qu'ça éclate/mais est-ce que l'temps a jamais été bon ? Le premier homme était un con qu'a fait l'con avec sa dondon qui aurait mieux fait d'avoir pas d'con à c'qu'on m'a appris quand j'étais p'tit – fallait bien m'dire quelque chose pas m'envoyer tout l'temps sur les roses... Les roses, façon d'parler j'avais l'trottoir comme oreiller/ousque poussent des drôles de fleurs qu'ont pas du tout la même odeur...

Bien avant Fleury-Mérogis c'était pas de l'eau d'mélisse/j'étais plein de vices vraiment vicelard et déjà bon pour le mitard/qu'est-ce qu'on peut faire contre la nature si la nature c'est votr'nature ?... j'avais beau pas mal roupiller fallait aussi manifester se pousser montrer aux nanas qu'on existe, rue d'Lappe rue Quincampoix rue des Martyrs rue des Sabirs rue des Fusillés rue des Couillonnés rue Hara-Kiri rue des Petites Écuries – qu'on existe !... Je sais j'raconte tout ça en vrac/en flash-back/mais toute la vie c'est du flash-back/de c'qu'on est sûr vraiment c'est c'qui s'est passé derrière pas devant !... Ma mère j'pouvais pas la blairer quand j'suis né/à la fin elle me f'sait pitié ma pauvre mère/elle est morte à la tâche/j'vois encore son corps couvert d'une bâche/son corps en flagrant délit de nudité/son corps usé qu'avait donné tant d'joie aux usagers/couvert d'une bâche un pot de fleurs par-dessusse des crocusses à c'que je crois avec des pétunias/morte à la tâche/les michés les moins fauchés faisaient la queue d'vant sa porte rapport à ses extra/les Ballets Russes/plus le Canal de Panama : extra extra ça s'était répandu jusqu'à l'Armée du Salut/si c'est pas malheureux d'voir ça/tant d'pépés qui passent leur temps à s'habiller et ma pauvr' mère à s'déshabiller à attraper des chauds et froids/tout ça pour moi qu'elle leur disait pour me donner du chocolat pour que je ne pouss'pas d'guingois... J'ai poussé d'tous les côtés j'aurais mieux fait de rap'tisser et qu'un beau jour on n'me voit plus amen, et la terre par-dessus. Ça viendra ça viendra et surtout que j'ressuscite pas ! j'ai déjà assez fait d'dégâts... Y'a des moments j'en ai ma claque de faire prendre l'air à ma barbaque/vivement les pissenlits les pâquerettes plus rien à foutre de cette planète/ce serait vachement vache de vivre à perpète/très peu pour moi/croix de fer croix de bois vivement Fontainebleau/mes adieux à la grande armée de corniauds à tous ceux toutes celles qui croyaient faire des étincelles/adieu Lolotte adieu Sophie Nicole Henriette adieu Fifi pommes de terres frites et salsifis/fini d'baiser le mur du son d'baiser l'mur des lamentations...

*(Changement de ton. Son visage s'éclaire)*

Mais y'a aussi des moments chouettes où l'destin fait des galipettes/pistache amande et cacahuètes/ousque la nuit devient le jour ousque l'Seigneur fait patte de v'lours ! ! Honolulu/les bords de Seine, la p'tite Lulu qui m'fait des scènes, ma tante qu'habitait Meudon et qui m'filait toujours des ronds/des jours qu'étaient d'la brioche : plumard baisage et le cinoche/Lulu ! Lili ! le coup d'roulis des nuits d'amour...

Des nuits d'amour j'en ai à r'vendre/plusse qu'on est dur plusse qu'on est tendre/mais bon je vais quand même m'arrêter là/chocolat ! chocolat ! chocolat ! drôle de branle-bas du salpêtre et du nougat/paître ou ne pas paître ?... Question mouton/la vie c'est pas toujours c'qu'on croit, et cetera et cetera et cetera...

*(Exit le rappeur.)*

*St Léonard, Novembre 1997*

# TABLE DES MATIÈRES

www.ingramcontent.com/pod-product-compliance
Lightning Source LLC
La Vergne TN
LVHW052030170826
845678LV00018B/2200

* 9 7 8 2 2 4 6 6 0 4 3 1 0 *